Harald Juhnke

Was ich Ihnen noch sagen wollte...

Aufgezeichnet von
Willibald Eser

WILHELM HEYNE VERLAG
MÜNCHEN

Umschlaggestaltung: Christian Diener, München
Titelfoto: dpa/Elsner
Rückseitenfoto: ORF
Satz: Kort Satz GmbH, München
Druck und Bindung: Offizin Andersen Nexö, Leipzig
Printed in Germany

ISBN 3-453-08020-3

Was ich Ihnen noch sagen wollte …

Inhalt

Über Harald Juhnke

BERNHARD MINETTI Berlin
Mai 1994

Harald Juhnke ist für mich ein großartiger Kollege. Leider haben wir bisher noch nicht miteinander gespielt, aber was nicht ist, kann ja noch werden. Er besitzt alle Voraussetzungen zum großen Darsteller, er verfügt über den in diesem Beruf so wichtigen Urtrieb, der ihn in die Lage versetzt, Charaktere auf der Bühne mit Blut und Hirn auszufüllen, ihnen Leben einzuhauchen, und er vermag auch den gefährdeten Menschen glaubhaft darzustellen, in Osbornes »Entertainer« zum Beispiel – nicht zuletzt aus eigener, schmerzlicher Erfahrung. Er ist mit Selbstverständlichkeit ins klassische Fach hineingewachsen, in ursprünglicher und natürlicher Art, wobei er auf der anderen Seite mit seinem wunderbaren verführerischen Unterhaltungstalent, abseits oberflächlicher Leichtigkeit, ein wirklich echter Komödiant geblieben ist, von großem Wert für das Theater. Das unterscheidet ihn von vielen Kollegen. Wenn er lacht, lacht er, wenn er weint, weint er – und die Leute gehen mit. Er ist zu loben und zu lieben. Und seine Alkoholprobleme interessieren mich nicht, auch nicht das neidische Geschwätz der Kollegen. Er ist ein Künstler und ein Mensch, als solchen sehe ich ihn. Wenn andere das nicht tun, tun sie mir leid, sie verstehen ihn nicht. Er hat es nicht nötig, Sensationslüsternheit zu stillen. Er soll spielen – das allein zählt.

WILL QUADFLIEG Juni 1994

Es ist schon einige Zeit her, lieber Harald, als wir uns in einer stürmisch-unruhigen Nacht in meiner Garderobe in der Münchner »Komödie im Bayerischen Hof« kennenlernten, wo ich mit Luise Ullrich das köstliche Stück »Plaza Suite« spielte.

Du warst tief in ein Gespräch mit meiner Frau versun-

ken, der Du Deinen Kummer und Ärger über Welt und Umwelt anvertrautest. Wir nahmen Dich dann mit nach Murnau, wo wir mit unseren Hunden ein großes Haus gemietet hatten. Du warst sprühender Laune und trugst uns fließende Reden und Conférencen in vielen Sprachen vor, die Du alle keineswegs beherrschtest, deren Grundduktus Dir aber völlig geläufig war – vor allem Dein Russisch war hinreißend und überwältigte uns. Es wurde eine unvergleichliche, feuchtfröhliche Nacht. Nachdem wir extrem spät ins Bett gefunden hatten, wurden wir frühmorgens durch Autohupen geweckt – und beobachteten, wie Du Dich aus unserem Gästezimmer abseiltest und durch den strömenden Regen über die Wiesen zu einem Taxi ranntest, das Dich nach München entführte.

Jahre später trafen wir uns in Hamburg in den »Vier Jahreszeiten« wieder, und Du eröffnetest mir, daß Du nun unbedingt wieder Theater spielen möchtest. Ich riet Dir, als erstes den »Entertainer« von Osborne zu spielen – der dann bei Klingenberg am Berliner Renaissance-Theater mit größtem Erfolg über die Bühne ging.

Du hast aber unabhängig von aller Theaterei – mit und durch Deine alkoholischen Turbulenzen – hierzulande etwas Erstaunliches bewirkt. Nach dem ersten Befremden über gewisse »Ausfälle« bekamst Du von Tausenden mehr oder weniger offenkundig mit dem gleichen Problem belasteten Zeitgenossen unseres lieben Vaterlandes einen großen Sympathiebonus, weil Du Dich offen und ehrlich dazu bekanntest – und so als Mensch unter Menschen verstanden und geliebt wurdest und wirst. Man erzählte mir, daß Du auf einer Tournee-Reise den Fahrer des Wagens gefragt hast: »Wo sind wir denn hier? In E.? Gefällt mir nicht, fahren Sie durch.« Um diese kurze und schnelle Reaktionsfähigkeit habe ich Dich immer beneidet, weil ich in ähnlicher Situation nie den Mut dazu gefunden habe.

Nun bist Du also ein hervorragender Schauspieler und glänzender Conférencier und Entertainer – eine in Deutschland in dieser Qualität einmalige Kombination.

Welch ein Vergnügen war es, mit Dir im Fernsehen die beiden alten Schmierenkomödianten von Qualtingers Gnaden zu spielen. – Herrlich!

Obwohl wir uns selten sehen, sind wir gute Freunde geworden. Wir vertrauen uns, und so soll es bleiben – solange Gott uns Leben schenkt.

HARDY KRÜGER

Skyland Oaks/USA
Juli 1994

Als ich Harald Juhnke das erstemal gesehen habe, war er Schauspielschüler und Statist. Ich hatte ein Jahr Wanderbühne hinter mir und zwei Spielzeiten an einem Avantgarde-Theater und war für eine Gastrolle in Emlyn Williams »Die Saat ist grün« nach Berlin gekommen. In das zerstörte Berlin der ersten Jahre nach dem Krieg. An ein Theater, das »Freie Volksbühne« hieß und damals noch am Ku'damm war. Als ich an die Münchner Kammerspiele weiterzog, übernahm Harald meine Rolle. Jung, unerschrocken, unerfahren, ungestüm. Ich habe ihm zugesehen und mit ihm über Grillparzer gesprochen. Und über dessen Satz: »Talent setzt sich immer durch.« Wir sagten uns, der Dichter muß auf jede Weise recht behalten. Wir redeten es uns ein. Wir haben daran geglaubt. Glauben müssen.

Das Leben dieses Harald Juhnke gibt dem Dichter recht. Je älter er wurde, desto besser ist er auch geworden. Ich habe das mit erlebt. Auch wenn mich mein Weg in andere Länder führte. Denn ich war immer wieder, lange, gerne, in Berlin. Und habe mir Harald Juhnke auf der Bühne angesehen. Im Film. Und dann, erfolgreicher als viele, auf der neuen Leinwand, die man Bildschirm nennt. Und jetzt sagt er, daß er Shakespeare spielen muß, will, möchte. Recht hat er. Ich für meinen Teil bin begierig auf den Abend. Werde zwischen allen Leuten unten sitzen. Ihm eine Karte in die Garderobe schicken: Hals- und Beinbruch, alter

Junge, ich freue mich nach Jahren ebenso auf dich, wie ich mich auf deinen Anfang freute, damals, in unserer alten, immer wieder neuen Heimatstadt Berlin.

NADJA TILLER
WALTER GILLER

Tessin/Schweiz
Juli 1994

Lieber Harald,

vor 40 Jahren sollten wir in einem Film ein Paar werden – aber damals hat es Walter geschafft –, inzwischen hast Du es »geschafft«, und Walter ist immer noch mein Mann!!!

Herzliche Glückwünsche
Nadja + Walter

JOHANNES HEESTERS

Starnberg
Juni 1994

Talent, wie Harald Juhnke es hat, setzt sich immer durch. Ihm ist der Sprung von der Komödie zum Drama gelungen, weil er mit Fleiß und Ausdauer an seiner Begabung gearbeitet hat. Seine Professionalität beeindruckt genauso wie seine Musikalität, die immer spürbar ist. Als Publikumsliebling ersten Ranges hat Harald Juhnke seine Popularität verdient.

CHRISTIANE HÖRBIGER

Wien
Mai 1994

Harald Juhnke ist für mich die explosive Mischung aus einem swingenden Vagabunden und einem Gentleman.

Seinem Publikum gibt er sich ganz, mit Leib und Seele, mit Hirn und mit Herz. Der Bogen seiner Vorbilder reicht von Frank Sinatra bis Sir Laurence Olivier. Harald Juhnke ist ein Aristokrat unserer Zunft.

UDO JÜRGENS

Zürich
Juni 1994

Vor über 30 Jahren spielte ich in Baden-Baden in einem Fernseh-Musical, damals noch ein absoluter Nobody, zusammen mit einem Schauspieler, der einen gewaltigen Eindruck auf mich machte: HARALD JUHNKE.

Diese Arbeit, die uns ungefähr vier Wochen zusammen in Baden-Baden hielt, hat uns zu Freunden gemacht, hat eine Freundschaft entstehen lassen, die bis zum heutigen Tag nicht nur gehalten hat, sondern zu einer richtigen Männerfreundschaft geworden ist.

Was ist das Besondere an Harald Juhnke?

Es gibt einen gewaltigen Unterschied zwischen »bekannten Schauspielern« und »Stars«. Der »bekannte Schauspieler« ist hauptsächlich ständiger Darsteller in TV-Serien. Man kennt ihn, aber man lebt nicht mit ihm, geschweige denn man leidet mit ihm. Der »Star« hingegen ist ein ganz anderes Kaliber. Er ist menschlicher, fehlerhafter, durchaus auch Kumpel, aber einer, den man nicht anzufassen wagt. Er ist unnahbarer und kann durchaus auch etwas Überhebliches an sich haben. Das Zeug zum »Star« haben nur wenige. Harald Juhnke ist einer. Er geht seinen eigenen Weg, unbeirrt, bisweilen auch unbelehrbar. Auch dann, wenn dieser Weg zeitweise gegen ihn selbst läuft. Harald – ein Mann mit Ecken und Kanten und einem, wie ich meine, genialen schauspielerischen Talent. Seine Überzeugungskraft ist alterslos, und er ist deshalb so stark, weil er zu seinen Schwächen steht.

Ich liebe ihn und bin stolz darauf, sein Freund zu sein.

HELLMUTH KARASEK

Hamburg
10. Juni 1994

Gäbe es in Deutschland nicht immer noch diese idiotische Trennung zwischen Kunst und Unterhaltung, die keine andere vernünftige Kulturnation aufrechterhält, dann wäre niemand erstaunt, wenn ich Harald Juhnke zu den wichtigsten und größten deutschen Schauspielern zählte. Da es aber die Trennung gibt, muß Harald Juhnke ab und zu mit Molière beweisen, was er kann, und das beweist er dann auch. Wenn ich mich hinsetze, um etwas fürs Fernsehen zu schreiben, schwebt mir fast automatisch auch eine Rolle für Harald Juhnke vor. Ich hoffe, ich lebe noch so lang, daß es eines Tages soweit ist.

WOLFGANG RADEMANN

Berlin
Juni 1994

Harald Juhnke ist für mich der urberlinerischste Schauspieler mit internationaler Qualität. Die große Skala seiner Darstellungskunst ist in Deutschland einmalig und unerreicht. Daß er zudem ein normaler Mensch geblieben ist und seine Ambitionen immer höher zu schrauben verstand, bei allem Sinn für das Komische, Komödiantische, Musikalische und Witzige in seinem Fach, hebt ihn hervor und stellt ihn weit über andere. Wir kennen uns lange und gut genug, so daß ich mir erlauben darf, ein so herzlich gemeintes Kompliment zu machen.

Wir Berliner – und mit uns die große Fangemeinde in »Restdeutschland« – freuen uns auf kommende Juhnke-Highlights.

Ernst Schröder

Castellina in Chianti
Mai 1994

Er ist als Schauspieler ein Glücksfall an Musikalität. Noch seine kritischen oder aggressiven Rollen tarnen sich gern als musikalische Unterhaltung. Am deutlichsten wurde das bei seinem »Entertainer« in Osbornes gleichnamigem Stück: Juhnke besang die dunklen Nachtseiten seines Berufes – schonungsloser als alle seine Vorgänger. Chapeau!

Ilse Werner

Hamburg
Mai 1994

Harald Juhnke ist der einzige Kollege, der mich auf den Arm nehmen durfte. Anläßlich der Verleihung des Bundesfilmpreises für unseren gemeinsamen Film »Die Hallo-Sisters« trug er mich auf die Bühne und wieder herunter. Ich hatte eine Fußverletzung, und Harald bewies Kollegialität und körperliche Fitneß auf beeindruckende Art und Weise.

Die Arbeit mit ihm war professionell, alkoholfrei und stimulierend. Seine großartigen Leistungen als Schauspieler in ambitionierten Stücken sind für mich deshalb so überzeugend, weil ich hinter der Rolle den ganz persönlichen Juhnke spüre, der aus einem reichen Erfahrungsschatz zu gestalten vermag.

Er lernt den Text in Weltrekordzeit, bringt ihn ohne Schnörkel und Masche und schafft zwischen sich selbst, der Rolle und dem Publikum eine Vertrautheit, die nur ganz großen Kollegen gelingt. Ich weiß, wovon ich spreche, denn ich habe das Glück gehabt, mit Heinrich George, Paul Wegener und Hans Albers zu spielen.

Prolog

Willibald Eser fragt Harald Juhnke

ESER: Sie sind einer der bekanntesten, beliebtesten Schauspieler und Entertainer in Deutschland, Österreich und der Schweiz. Sie spielen Theater, drehen Filme, treten in Fernsehspielen, Shows und Serien auf. Haben Sie den Höhepunkt Ihrer Karriere erreicht?

JUHNKE: Ich bin auf dem Weg dahin. Ich habe meine Ansprüche in bezug auf Rollen, die man mir anbietet, höher geschraubt, ich spiele nicht mehr alles, wie in früheren Jahrzehnten, heute muß ich schon den Sinn einer Rolle ausmachen können, es sei denn, es kleistert mich einer mit einer derart immens hohen Gage zu, daß ich aus Gründen der Altersversorgung nicht nein sagen kann. Paul Hörbiger nannte so was »Schmerzensgeld«.

ESER: Ist Ihre Popularität Garant dafur, daß die Leute ins Theater gehen, den Fernsehapparat einschalten?

JUHNKE: Nicht immer reicht der Name, es muß schon noch Qualität dazukommen. Ein blödes Stück kann der populärste Schauspieler nicht über die Rampe bringen.

ESER: Wie weit folgen Regisseure Ihrem Qualitätsanspruch?

JUHNKE: So weit, wie das Stück es zuläßt. Divergierende Ansichten diskutieren wir kontrovers. Wir suchen eine für beide akzeptable Interpretationsmöglichkeit.

ESER: Deutsche TV-Serien und TV-Spiele bieten Bataillonen von Dilettanten Gelegenheit, sich ungestraft auszutoben. »Ponkie«, in der Münchner Abendzeitung, schreibt über solcherlei Abendbelästigung, in der auch Sie schon zu sehen waren, trefflich formulierte Minikritiken. Wie kommen Sie mit solchen »Drehbüchern« zurecht?

JUHNKE: Gar nicht. Manchmal habe ich tatsächlich das Gefühl, daß die Dialoge direkt aus dem Computer kommen. Ich merke es daran, daß mir dieser Wortmüll nicht ins Gedächtnis will. Da tritt eine natürliche Sperre auf, so lange, bis ich mir die Sätze sinn- und mundgerecht gemacht habe. Wenn so ein Satz keine Melodie hat, kann ich ihn mir auch gar nicht merken.

ESER: Und was sagen die Verfasser zu Ihrer Mitautorenschaft?

JUHNKE: Die sind dankbar, daß ich mir die Arbeit mache und sie ihnen abnehme. Im übrigen: Ein Satz, der nicht glaubhaft über die Lippen kommt, irritiert das Publikum. Es reagiert wie ein Seismograph. Ich habe festgestellt, daß die Leute für bekannte Darsteller über Jahre und Jahrzehnte hinweg ein geschultes Ohr entwickeln. Sie können haargenau unterscheiden, was natürlich und was unnatürlich oder aufgesetzt daherkommt.

ESER: Und im Theater?

JUHNKE: Im Theater stehen einem Schauspieler geschliffenere Dialoge in einer meist logischen Handlung zur Verfügung. Die ausländischen Stücke werden erstklassig adaptiert, die guten Bühnenverlage legen Wert auf Qualität.

ESER: Welchen fatalen Fehler darf der Schauspieler nicht machen?

JUHNKE: Das Publikum unterschätzen. Wer das tut, lebt in unserem Beruf gefährlich.

ESER: Neil Simon ist inzwischen der »deutsche« Komödienautor Nummer 1 geworden, obwohl seine typischen US-Komödien hierzulande von Sterilität und impotenter Kneipenfröhlichkeit strotzen. In seinen versteckt gesellschaftskritischen Gesellschaftskomödien sehen Ihre Kolleginnen wie Ivana Trump aus, die Männer wie Sparkassenangestellte. Kabarettisten spielen Hauptrollen, greise UFA-Stars schleppen sich selbst und ihre Gicht durch stückfremde Bühnenbilder und Versandhausmöbel.

JUHNKE: Da ist leider was dran. Eine jiddische Mame wird wie eine Wiener Klofrau inszeniert, und der jiddische Humor von Simon verkommt zur deutschen Urlaubergaudi. Ich zerlege mir diese Bühnentypen und baue sie erst dann wieder zusammen, wenn ich ihnen und ihrem Innenleben auf die Schliche gekommen bin. Wenn dieser Vorgang abgeschlossen ist, kann ich in die rein- und rausschlüpfen wie in ein Paar Schuhe. Dann kann es passieren, daß ich ganz ungewollt wie Walter Matthau daherkomme, neben Jack Lemmon der ideale Simon-Darsteller. Ich rieche, höre und spüre das Umfeld solcher Komödienschauplätze – vielleicht macht das meine Glaubwürdigkeit aus.

ESER: Regie hat Sie nie interessiert?

JUHNKE: Nein. Ich habe mal in München an Trude Kolmans Boulevard-Bühne »Die Kleine Freiheit« zwei Kollegen eingewiesen, was aber zu dem erschütternden Resultat führte, daß die beiden in der Premiere wie Juhnke agierten und sprachen. Peinlich.

ESER: Gibt es Ereignisse im beruflichen Bereich, die Ihnen besonders wichtig waren?

JUHNKE: Ein Highlight war die Premiere von »Der Entertainer« in Berlin. Die Rolle des Archie Rice, die Sir Laurence Olivier 1957 im Londoner Royal Court Theatre fünf Wochen vor ausverkauftem Haus spielte, brachte mich ein großes Stück voran. Auch meine Interpretation des alten Blinden in Turrinis »Alpenglühen« gehört dazu. Vorher war ich bekannt, jetzt wurde ich plötzlich im seriösen Fach populär. Daß »Tagesthemen« und »Heute-Journal« zum Schluß der Sendung von meiner Theaterpremiere berichteten, hat mich beeindruckt. Juhnke statt Fußball – das war neu. Die Wirkung war enorm, alle wußten plötzlich davon, sprachen mich darauf an. Jetzt hast du's geschafft, sagte ich mir – und die nachfolgenden Angebote aus dem klassischen Theaterrepertoire beweisen es. Wenn ich früher gesagt habe, ich will Richard III. spielen, haben alle weggeschaut. Nun nicht mehr. Und jetzt spricht mich auch kein Journalist mehr auf das Thema Alkohol an. Ich habe den Eindruck, daß diese Kuh endgültig vom Eis ist – um so mehr, als ich mich diesbezüglich auch nicht mehr gefährdet fühle, was nicht heißt, daß ich nicht mal einen Schluck nehme – einen kontrollierten. Mit anderen Worten: ich kann aufhören. Und damit ist sichergestellt, daß ich als Schauspieler meinen Verpflichtungen nachkomme und nicht mehr ausfalle. Inzwischen bin ich auch soweit, daß ich mich von Kollegen ob dieser früheren Leidenschaft auf den Arm nehmen lassen kann. Der Udo Samel, mit dem ich neulich gedreht habe, hat da so manches Bravourstückchen geliefert.

ESER: Nennen Sie mir ein paar Freunde?

JUHNKE: Kann ich nicht, ich habe keine. Ich bin lieber allein – natürlich mit meiner Familie. Aber sonst bin ich mir völlig genug. Ich kann mich mit mir selbst beschäftigen, ich lese viel, zum Beispiel Shakespeare, den ich gut behalten kann, weil seine Sätze auf Musik gebettet sind und meine Phantasie bewegen. Ich sitze am Pool, rauche eine Zigarre, weiß, wer ich bin, was ich habe. Und wenn alle weg sind, weil alle was zu tun haben, dann genieße ich die Ruhe und das Gefühl, daß jeden Moment die Türe aufgehen kann – und ich doch nicht allein auf der Welt bin.

ESER: Federico Fellini sagte: »Nach dem fünfzigsten Geburtstag bringt jeder Geburtstag Panik vor weiteren Geburtstagen. Das einzige Mittel dagegen ist die Arbeit. Denn Kreativität erzeugt Energie, und Energie wirkt stimulierend. In diesem Sinne fühle ich mich immer höchstens wie fünfundfünfzig.« Geht es Ihnen wie Fellini, der sich in Arbeitspausen mit Zweifeln und Gewissensbissen herumschlug? Empfinden Sie diese Zeiten auch als Erpressung des Alters?

JUHNKE: Nicht unbedingt. Alter in dem Sinne hat bisher weder in meinem Leben noch in meiner Karriere eine Rolle gespielt. Gut, ich war schon mal zu jung für eine Rolle, aber wenn es eine komische war, dann hat halt der Maskenbildner entsprechend nachgeholfen. Und in der Komödie darf man ja ein bißchen übertreiben. In seriösen Stücken spiele ich ja seit Jahren meinem Alter voraus – und man nimmt mir das ab, wie die Kritik bescheinigt. Mein Vater wurde vierundachtzig, er besaß zum Schluß eine Rechenmaschine und eine Schreibmaschine und kümmerte sich um mein Geld. »Heb dir jede Rechnung auf, Junge, die Kohle hol' ich dir vom Finanzamt wieder«, sagte er – und so war's auch. Papa war der »Vogel« in der Familie, er war gern und ausdauernd gut drauf, haute gern auf den Putz, war der unruhige, unternehmungslustige Geist an der Seite meiner eher ruhigen Mutter, die ihre kleine Welt generalstabsmäßig im Griff hatte. Leider verlor ich sie schon mit vierundsechzig.

ESER: Wie geht es Ihnen gesundheitlich?

JUHNKE: Ich fühle mich rundum gesund, meine Leberwerte sind okay, auch die Pumpe hält ihren Rhythmus – aber natürlich habe ich Angst davor, aus welchen Gründen auch immer, ein Pflegefall zu werden, meiner Familie zur Last zu fallen, den drei Menschen, die ich liebe. Und wenn ich mir so ansehe, wie schnell Krankheiten auftreten können, unheilbare und schmerzhafte, dann finde ich die Einrichtung der sogenannten »Sterbehilfe« absolut notwendig. Es muß jedem selbst überlassen bleiben, wann er aufgrund einer Krankheit und deren absehbaren Folgen freiwillig aus dem Leben scheiden will. Und es muß möglich sein, daß für diese Schlußphase von kompetenter Seite juristisch einwandfreie Vorkehrungen getroffen werden. Die Sandra Paretti hat das im Prinzip richtig gemacht. Nur hätte ich es gern weniger spektakulär.

ESER: Kehren wir zu Ihren fünfundsechzig Jahren zurück. Hat man da den Fuß ständig auf der Bremse, oder tippt man sie nur gelegentlich an, wenn man merkt, daß das eine oder andere nicht mehr so funktioniert?

JUHNKE: Antippen trifft den Nagel auf den Kopf. Im übrigen bin ich da wie Bernhard Minetti, der mir mit neunundachtzig sagt: »Jetzt haben wir beide keine Zeit, Harald, aber wir werden noch etwas zusammen machen, Ende der neunziger Jahre müssen wir endlich mal ran.«

ESER: Wollen Sie mit neunundachtzig Jahren noch auf der Bühne stehen?

JUHNKE: Damit müssen Sie rechnen.

ESER: Wie werden Sie mit Verrissen und Mißerfolgen fertig?

JUHNKE: Ich schmunzle mir so was zurecht, ich gewinne auch aus Niederlagen positive Erkenntnisse. Nicht selten hat mich ein toller Regisseur in einer idiotischen Sendung gesehen – und mich daraufhin für eine großartige Rolle in einem engagierten Stück verpflichtet. Ich stehe zu meinen Niederlagen, ob die Gefängnisgeschichte, ob meine Amouren oder beruflichen Katastrophen – ich will sie nicht missen, sie gehören zu meinem Leben, sie haben mir Erfahrungen vermittelt, sie haben mich geformt.

ESER: Wieweit lassen Sie Menschen privat an sich heran?

JUHNKE: Nach Möglichkeit gar nicht. Ich gehe auf Menschen zu, wenn sie mich interessieren. Aber viel lieber gehe ich von Menschen weg, auf Parties zum Beispiel, eine Einrichtung, auf die ich verzichten kann. Gründgens hat in dem Käutner-Film »Das Glas Wasser« einen Song, der solche geschwätzigen Veranstaltungen trefflich karikiert. Unter anderem heißt es da: »... und die Nöligkeit, mit der sie süßes Gift verspritzen, und selbst im Glashaus sitzen, gehört zur Party.«

ESER: Wie sah Ihr Geburtstag aus?

JUHNKE: Den sechzigsten haben wir mit hundertachtzig Leuten gefeiert, der fünfundsechzigste sollte auch eine Fete werden, meinte jedenfalls mein Sohn Oliver, der auf Parties abgefahren ist. Fehlanzeige. Ich habe mit Susanne ausgemacht, daß wir nichts Offizielles veranstalten. Wir machten einen kleinen Trip nach Bella Venezia – ganz unter uns, haben Museen besucht und die italienische Küche genossen. Den siebzigsten können wir dann ja wieder feiern. Oliver meint: »Na, Papa, hoffentlich schaffste den noch.« Lieb, nicht?

ESER: Marcel Reich-Ranicki hat 1994 zusammen mit Joachim Kaiser von der SZ in der Aula der Universität München eine Podiumsdiskussion absolviert – unter dem Motto: »Kritikers Kummer – Kritikers Freud«. Mich gewann Reich-Ranicki auf Anhieb mit der Feststellung: »Ich bin hierher gekommen, um mich zu amüsieren.« Was amüsiert Sie?

JUHNKE: Die Ernsthaftigkeit der Dummköpfe in allen Bereichen des öffentlichen Lebens. Manchmal frage ich mich, ob die denn keinen Spiegel zu Hause hängen haben. Ein Blick auf die eigene Physiognomie müßte die Leute doch zur Raison bringen.

ESER: Und sonst?

JUHNKE: Alles, was mich unterhält, ein gutes Buch, ein gelungener Film, ein pointenreiches Theaterstück und die Pillen- und Kondomfeindlichkeit des Papstes. Soviel Weltfremdheit ist lächerlich.

ESER: Was ärgert Sie?

JUHNKE: Daß die schon erwähnten Dummköpfe sich eine machtvolle Lobby geschaffen haben und über ihre Parteibücher Einfluß auf das Wohl und Wehe Deutschlands nehmen können. Und die Undankbarkeit der Menschen, die vor der Wiedervereinigung ein Leben ohne Perspektiven hatten und heute so tun, als hätten wir ihre Umwelt, ihre Wirtschaft und ihre Zukunft zerstört.

ESER: Hatten Sie mal politische Ambitionen?

JUHNKE: Nein. Aber ich hätte sie gerne gehabt. Ich bilde mir ein, einen gesunden Menschenverstand zu haben, den ich bei manchen Damen und Herren der Zunft vermisse. Als ich neulich das TV-Spiel »Der Papagei« drehte, stand ich in der Rolle eines Politikers vor einer sogenannten Menschenmasse, die ich zu »bewegen« hatte. Es gelang mir auf Anhieb. Da bin ich eigentlich ein bißchen erschrocken, denn nicht alle, die da jubelten, waren informiert, und viele dachten, der Juhnke macht jetzt eine Partei auf, da sind wir mit dabei. So schnell geht das. Andererseits zeigen die Skrupel, die mir in der Rolle kamen, daß ich doch nicht abgebrüht genug bin, mich in dieser Branche zu behaupten. Ich bin das, was man in Berlin eine »ehrliche Haut« nennt, bin für den Job zu offen, zu ehrlich, nicht zugeknöpft, nicht diplomatisch genug. Der bedeutendste deutsche Nachkriegspolitiker, der alle Facetten beherrschte, ist für mich der große alte Mann der ersten Stunde, der Fuchs von der Rhön, Konrad Adenauer. Ihm war keiner gewachsen.

ESER: Teilen Sie die allgemeine Politikverdrossenheit?

JUHNKE: Nein, im Gegenteil. Ich höre hin, schaue hin, informiere mich und übernehme Verantwortung für mich als Berliner, als Deutscher und als prominenter Zeitgenosse. Kluge Politik ist der Garant für Wohlstand, soziale Sicherheit und Arbeit.

ESER: Würden Sie sich vor den Wahlkampfkarren einer Partei spannen lassen?

JUHNKE: Nein, das überlasse ich anderen. Ich halte nichts davon, weil man damit Wähler gängelt, ihren kritischen Verstand ausschaltet. Die sagen dann: »Wenn der X den Y wählt, dann wähle ich den Y auch, weil ich ein Fan von dem X bin.« Das ist unreell.

ESER: Helmut Kohl, der Kanzler der Wiedervereinigung, Michail Gorbatschow, der Stratege des Ostens, ohne den es noch heute die Mauer gäbe – ein historisches Paar?

JUHNKE: Ohne Frage. Kohls schneller Zugriff war staatsmännisch klug, er hat ihm sogar Lob von seinem »Spiegel«-Erzfeind Rudolf Augstein eingebracht. Vergessen Sie nicht, daß ich als Berliner an der Nahtstelle West–Ost saß. Ich habe die unglaubliche Leistung der amerikanischen Rosinenbomberbesatzungen erlebt – eine Großstadt aus der Luft versorgen, das muß man sich erst einmal vorstellen. Meiner Generation sind die Schikanen der Russen unvergessen, die täglich wechselnden Blockaden der Versorgungswege, der Psychoterror an der Grenze, an der Mauer und John F. Kennedys befreiendes Bekenntnis: »Ich bin ein Berliner!« Sinatra hätte das nicht schöner sagen können.

ESER: Gibt's ein Hobby?

JUHNKE: Ja – meinen Beruf. Das ist ein Glücksfall. Ich muß mich nicht zwingen zu spielen, ich tu' das gern. Und ich halte das auch über längere Strecken durch, sorge für gutes Arbeitsklima, habe Spaß mit den Kollegen, verbanne Penetranz und falsche Ernsthaftigkeit von der Bühne oder vom Set. Wo ich bin, wird immer gelacht – ganz besonders, wenn ich anschließend in eine ernste Rolle schlüpfe. Die totale Entspannung vorher macht es mir möglich, auf Kommando einen sterbenskranken Menschen zu spielen.

ESER: Sport?

JUHNKE: Nee. Aber ich schwimme. Früher vier Stunden, heute sehr viel weniger. Ich gucke aber gern Tennis. Wenn Boris Becker spielt, bin ich da.

ESER: Urlaub?

JUHNKE: Was ist das?

ESER: Na ja, so was mit verreisen, in ein warmes Land am Meer oder ins Gebirge – mit Familie.

JUHNKE: Geht nicht. Ich weiß doch nie, wann ich Zeit habe. Gelegentlich bitte ich Susanne und Oliver, zu Außenaufnahmen an attraktiven Schauplätzen mitzukommen – zu mehr haben wir es noch nicht geschafft. Wir machen zwar Reisepläne, bleiben aber dann doch im Grunewald, im Sommer am Pool, so acht Tage, ohne Telefon, ohne große Klamotten, gemütlich, Beine hoch, Davidoff-Zigarre, ein bißchen Sinatra, »The Summerwind« in Berlin genießen, abends mal was »Leichtes«, ein Eisbein – verzeih Susanne – oder Bratkartoffeln an Spiegelei, wie Deutschlands »Jahrhundertkoch« Witzigmann sie zaubert. Heesters singt: »Es kommt auf die Sekunde an«, Witzigmann sagt: »Es kommt auf die Kartoffeln an.« Scin Kollege, der

3-Sterne-Koch Wohlfahrt gibt folgendes Rezept: Die Kartoffeln werden roh in dünne Scheiben geschnitten, ganz trocken getupft, mit geklärter Butter übergossen und bei mittlerer Hitze einzeln in die Pfanne gelegt. Eine Messerspitze Olivenpaste rundet den Geschmack ab. That's it. Wie Spiegeleier gehen, ist bekannt.

ESER: Wer hat Sie auf die Zigarre gebracht?

JUHNKE: Ein bißchen Albers, der mir mal einen richtigen Prügel verpaßt hat, einen sogenannten »krummen Hund«, den er in dem Film »Percy auf Abwegen« geraucht hat, Jean-Paul Belmondo und Groucho von den Marx Brothers. Das war aber nicht genießen, mehr festhalten an einer Requisite. Wir Schauspieler haben gern was in der Hand, einen Telefonhörer, eine Bratwurst, eine Tabakspfeife, ein Whiskyglas, einen Revolver oder eine schöne Frau – das ist oft schon die halbe Rolle.

Richtig eingeweiht in die hohe Kunst des Rauchens hat mich Zino Davidoff, von dem ich noch erzählen werde. Er hat mir einen klimatisierten Reise-Humidor für seine Zigarren geschenkt – netterweise gefüllt. Gott hab ihn selig.

ESER: Automobile?

JUHNKE: Ich war nie ein Autofan. Ich habe auch nie wieder einen Führerschein beantragt, nachdem man ihn mir weggenommen hatte. Mein Sohn fährt mich, meine Frau oder Leute von den Produktionsgesellschaften. Ansonsten bin ich ein Taxifreund.

ESER: Sind Sie noch eifersüchtig?

JUHNKE: Noch ist gut. Natürlich! Wenn meine Frau zuviel Zeit für ihr Kunstinteresse und ihre Freundinnen aufbringt, mal dahin geht, mal dorthin und ich anfange, mich vernachlässigt zu fühlen – dann meckere ich. Wenn Susanne zum Beispiel eine Kunsthandlung oder einen Modesalon eröffnete und Tag und Nacht nur noch für diese Aufgaben zur Verfügung stünde, dann würde ich auf diese »Konkurrenz« mächtig eifersüchtig werden.

ESER: Sex?
JUHNKE: Was?
ESER: Sex.
JUHNKE: Mit fünfundsechzig? Kein Problem. Ich habe da mal in jüngeren Jahren ein Buch gelesen. Der Titel: »Schlank durch Sex«, von einem bekannten Mediziner und Physiologen, der sensationelle Zusammenhänge zwischen Essen und Liebe aufdeckte. Im Mittelpunkt von Professor Richard Smith' fundierter Analyse stehen Erkenntnisse über Kalorienverluste, die man selbst in ausgefallensten Situationen erreichen kann. Besonders beeindruckt hat mich der Hinweis, daß man den bekannten Höhepunkt auch während der Aushandlung eines Bausparvertrages bekommen kann ...
ESER: Neudeutsch: Sie verarschen mich ...
JUHNKE: Ja.
ESER: Und Altdeutsch?
JUHNKE: Ich flirte gern, aber mehr ist nicht drin. Ich bin Susanne treu, ohne sie wäre ich vor die Hunde gegangen, meine Karriere wäre vorüber gewesen, und dann hätte ich mich vermutlich umgebracht.
ESER: Sie machen keine Werbung?
JUHNKE: Die Kosmetik-Leute haben mich immer wieder darauf angesprochen. Klappt aber nicht mit mir. Ich bin ein pflegeleichtes Modell. Die Haare schneidet mir der Maskenbildner, die Nägel, wer gerade Zeit hat, rasieren tue ich mich naß von Hand, und in der Dusche reicht mir Wasser und Seife – seit fünfundsechzig Jahren. Ist mir doch gut bekommen – oder?
ESER: Garderobe?
JUHNKE: Lege ich Wert drauf, immer schon. Der junge Juhnke fegte schon mit zwanzig im Zweireiher, Staubmantel, Hut und einer Zeitung in der Jackettaußentasche über den Kurfürstendamm. Da ist manche frühe Mark draufgegangen, die dann anderswo fehlte. Heute kaufe ich die Sachen, die ich vor der Kamera anhabe, zum halben Preis und trage sie privat weiter.
ESER: Sind Sie sparsam?

JUHNKE: O ja!
ESER: Geizig?
JUHNKE: Nee, nicht direkt.
ESER: Fußball?
JUHNKE: Verstehe ich nichts von.
ESER: Sir Clement Freud, ein Enkel von Sigmund Freud, fabrizierte Hundefutter und einfache Sandwiches zu der Zeit, als er noch einen Sitz im Britischen Unterhaus hatte. Als er ins Oberhaus berufen wurde, verkaufte er die Hundefutterfabrik und stellte seine Fabrikation auf feine Sandwiches mit Lachs und Kaviar um. Haben Sie manchmal Sehnsucht nach Ihrem »Unterhaussitz« – der frühen Klamottenzeit?
JUHNKE: Nein – aber Ihr Beispiel gefällt mir.
ESER: Jeremy Walcott, ein bekannter US-Dollar-Millionär, vertraute vor ein paar Wochen der »New York Times« an: »Das Beste an der Rezession ist, daß ich kein Trinkgeld mehr zu geben brauche!« Wie halten Sie die Früchte Ihrer Arbeit zusammen?
JUHNKE: Indem ich nicht dran knabbere, was mir nicht schwerfällt, da ich kein Luxusmensch bin und mit gerösteter Blut- und Leberwurst und extra Zwiebel dran leben kann. Großmannssucht ist mir nicht in die Wiege gelegt worden, ich spiele aber solche Typen gern. Leider hat mir noch kein Autor so einen Hallodrie auf den Leib geschrieben.
ESER: Vater und Sohn?
JUHNKE: Da fallen mir zuallererst die Bücher »Vater und Sohn« ein, die Streiche und Abenteuer des schnauzbärtigen glatzköpfigen Vaters und seines kleinen frechen Sohnes. Herrliche Kindheitserinnerungen an zwei reichlich zerfledderte Bücher, von Erich Ohser gezeichnet, der schon den Umschlag für Erich Kästners ersten Gedichtband entwarf und bei Werner Fink in der »Katakombe« als Schnellzeichner auftrat. Im Dritten Reich gehörte er zu den »nicht tragbaren Künstlern«, er zeichnete dann unter dem sehr bekannt gewordenen Pseudonym »e. o. plauen« für die

»Berliner Illustrierte«. Friedrich Luft, Berlins Oberkritiker, sagte: »In einer ekelhaften, lügnerischen, total politisierten Epoche gelang es ihm, mit dieser Serie ... eine kleine Oase fast unbekümmerter Menschlichkeit zu schaffen.« Ohser war ein kritischer Zeitgenosse, zusammen mit seinem Freund Erich Knauf verschloß er nicht die Augen vor den Verbrechen der damaligen Machthaber. Ein Hauptmann und Nachbar der beiden denunzierte Ohser und Knauf bei der Gestapo. Goebbels setzte sich persönlich dafür ein, daß Roland Freislers Volksgerichtshof sie zum Tode verurteilte. Ohser beging in der Nacht vor der Hinrichtung Selbstmord – in einem Schreiben nahm er alle Schuld auf sich und entlastete damit Knauf, der trotzdem hingerichtet wurde. Meine Jungs haben die Bücher genauso »gefressen« wie ich.

ESER: Vater Juhnke, Söhne Juhnke – kommen Sie gut miteinander aus?

JUHNKE: O ja, wir haben keine Probleme. Wir reden über alles, hören einander zu und nehmen uns ernst. Einer vertraut dem anderen. Nur schade, daß ich so wenig Zeit für sie habe und die Zeit so schnell vergeht.
Vieles von dem, was ich mit meinen Jungs unternehmen wollte, werde ich wohl nie mehr verwirklichen können, weil wir alle drei dafür schon zu alt sind.

ESER: In meinen Biographien über einige Ihrer Kollegen habe ich immer wieder Zeitzeugen und Freunde zu Wort kommen lassen. Viele apostrophieren sich selbst als Freund, erwähnen freundschaftliche Verbundenheit zur biographierten Person. Auch in Ihrem Fall habe ich solche Antworten bekommen, die teilweise im Widerspruch zu Ihren Einlassungen zum Thema Freundschaft stehen. Können Sie das erklären?

JUHNKE: Lassen Sie mich mit Ovid antworten. Er sagt:
»Während das Glück dir lacht,
wirst Freunde du zählen in Menge;
Wenn sich der Himmel bewölkt,
findest du bald dich allein.«

Zur Einstimmung

Erfolg ist so ziemlich das letzte, was einem vergeben wird.

Truman Capote

Aufgrund ausgeprägter Recherchen, die mich und meinen Autor viel Zeit und Geld gekostet haben, bin ich nunmehr in der Lage, Ihnen eine einmalige Betrachtung unserer Spezies zu liefern, die sich gewaschen hat. Ich selbst habe mich für allerlei exotische Experimente zur Verfügung gestellt, habe in verschiedenen Rollen Befragungen und Untersuchungen über mich ergehen lassen, immer mit dem Ziel, Ihnen, meine Leserinnen und Leser, die tiefsten Tiefen menschlichen Wesens aufzuschlüsseln. Ich habe gelitten, gelogen und Häme ertragen, ich habe Fernsehtermine und Theatervorstellungen platzen lassen, ich habe mich hypnotisieren und in frühere Existenzen zurückbeamen lassen – und ich habe immer wieder die Weltmeisterin im »Zeitweitsprung nach hinten« getroffen, meine verehrungswürdige Kollegin Shirley MacLaine. Ob im versunkenen Atlantis beim Citrussaft-Cocktail, in der Kairoer Eselsmilch-Badeanstalt mit Darling Cleopatra, in einer fetzigen Talkrunde bei Zarathustra in Persien oder beim Funny-Surprise-Weekend in Scotland, als Gast Heinrichs VIII. von England – die Oscar-Preisträgerin und Reinkarnationsfanatikerin war in jeder Person und Rolle sofort an ihren entzückenden Sommersprossen zu erkennen. Die Dinger überdauern offensichtlich Generationen.

Ich habe diese Reise in die Vergangenheit einigermaßen gut überstanden, ich will Ihnen aber nicht sagen, wer und was ich während früherer Aufenthalte auf der Erde war.

Harald, der Modebewußte. Gamaschenhosenensemble mit Pommel, Mütze und Stulpenhandschuhen. (Berlin, 1934)

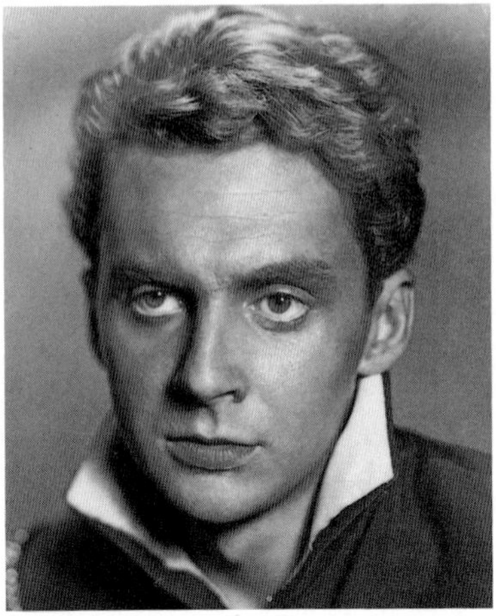

Links: Fast erblondet. Jean Marais läßt grüßen. (Berlin, 1951)

Rechts: »Ich trag' das Haar jetzt anders.« (»Das Penthouse«, Theater am Dom Köln, 1971)

Hoch die Tassen. (Spielfilm »Der tolle Bomberg«, mit Hans Albers, Marion Michael und einer Menge Albers-Ratschläge fürs Leben. 1957)

Bulle mit Koteletten. (TV-Serie »Sergeant Berry«, nach dem gleichnamigen Albers-Film, 1974)

»Kommste nu' oder kommste nich' auf die Schaukel, Luise.« (»Liliom«, Hansa-Theater Berlin, 1970)

Eine kesse Sohle oder Architektur der fünfziger Jahre. (»Madison«, mit Ingrid van Bergen)

»Wollen Sie mit mir handeln ...?«
(»Dreyfus«, Freie Volksbühne Berlin, 1974)

»Bluntschli, erzählen Sie keine Geschichten ...«
(»Helden«, Hansa-Theater Berlin, 1973)

»Mit fünfundsechzig siehste so aus«, sagte der Maskenbildner – und verlor seine Wette. (»Preußenkorso Nr. 17«, TV-Serie, 1974)

»Die ganze Welt ist himmelblau ... « Von wegen ... (TV-Musikshow mit Barbara Schöne, 1983)

Stargast Charles Aznavour (TV-Musikshow, 1983)

Sie trat schon zusammen mit der Samtstimme von Perry Como im US-Fernsehen auf. (TV-Musikshow mit Caterina Valente)

Das wäre weder für meine Einschaltquoten im Fernsehen noch für meine Umsätze an der Theaterkasse gut.

Natürlich ließ es sich nicht vermeiden, daß ich im Laufe meines fünfundsechzigsten Lebens vielen Menschen begegnete. Von ihnen will ich erzählen, auch von Kollegen und Kolleginnen, von meiner Arbeit im Studio und auf der Bühne, von meinen Höhen und Tiefen. Der Ordnung halber versuche ich möglichst chronologisch vorzugehen, wobei ich die markantesten Ereignisse und Erlebnisse meiner frühen Zeit nicht außer acht lassen will, weil sie nun einmal dazugehören.

Sie finden in diesem Buch auch Gedanken, Betrachtungen und Empfehlungen zu den einzelnen Lebensphasen der gängigen Menschenmodelle, in denen Sie unschwer sich selbst und mich erkennen werden. Die eingestreuten »exemplarischen Geschichten« stehen stellvertretend für das, was so alles passieren kann. Einige von uns haben Glück gehabt und solche Begebenheiten erlebt, andere nicht weniger, weil sie ihnen erspart blieben. Wichtig ist, daß Sie diesen »Biographischen Ratgeber« nicht zu ernst nehmen. Ignorieren Sie Kants Satz: »Am Lachen kann der Verstand an sich kein Wohlgefallen finden.« Gehen Sie vielmehr davon aus, daß es am allervernünftigsten ist, nicht allzu vernünftig zu sein. Der Spaß kommt ohne Vernunft aus. Lassen Sie sich also über ein paar hundert Seiten unterhalten, am Beispiel meiner Person, die sich den schönsten Beruf der Welt ausgesucht hat – den des Komödianten, des Entertainers.

Ich fange an *oder:* Ein bißchen Biographie muß sein

Der Mensch weiß aus sich selbst nicht gleich,
was heiß und kalt, was hart und weich.
Doch schon bei einiger Bejahrung
hat er die nötige Erfahrung.
Er lernt dann oft mit Hilfe Dritter,
daß Hoffnung süß, Enttäuschung bitter,
daß Arbeit sauer, Alltag fade,
kurz, des Geschmackes höhere Grade,
doch wie schlechthin das Leben schmeckt,
hat bis zum Tod er nicht entdeckt.

Eugen Roth

Ich war ein Einzelkind – das sagt alles. Als ich am 10. Juni 1929 in der städtischen Frauenklinik Charlottenburg zur Welt kam, hatte sich ganz Berlin in Schale geworfen. König Fuad aus Ägypten am Nil besuchte die Stadt, seinetwegen war beflaggt, meinetwegen hielt sich der Familienjubel in Grenzen. Ich war laut und musikalisch. Davon ist was geblieben. Nur wenn Richard Tauber sang, hielt ich die Klappe. Schade, daß damals Sinatra noch nicht so weit war, sonst hätte ich seinetwegen geschwiegen.

Ich hatte auch Tanten. Eine davon, Tante Elsa, schüttelte lebenslang den Kopf über mich. Ich war ihr nicht schön genug. Von ihr hätte Bully Buhlans Gassenhauer der Fuffziger sein können, der bis auf den heutigen Tag nichts an Aktualität verloren hat. Bully sang kopfschüttelnd: »Also wissen Sie nee, also wissen Sie nee, also wissen Sie…«

Zu Ehren von Harry Piel, einem bekannten Filmsensationsdarsteller, der mit zwei- und vierbeinigen Raubkatzen umzugehen verstand, ließ mich mein alter Herr auf den schönen deutschen Namen Harry taufen. Da kannte er kein Pardon, schließlich war er bei der Polizei.

Mutter Margarete aus Frankfurt an der Oder war es recht, und Vater Herbert Hermann Heinrich aus dem preußischen Bromberg war seinem Idol nähergerückt – er konnte mich jetzt mit seinem Vornamen rufen.

Papa rief oft, weil ich oft meinen Kopf durchsetzen wollte. Bäcker, wie Opa in Frankfurt, wollte ich nicht werden, wenngleich ich seine süßen Dickmacher hemmungslos in mich hineinstopfte und zum wohlgenährten Kerlchen auslief, das alle gern herzten, drückten und bescherzten. Gott, hab' ich das gehaßt. Und diese schmatzenden Verwandtenküsse – ich kann sie noch heute nicht ausstehen. Sind aber weniger geworden.

Es gibt ja Leute, die können auf diese Abschleckerei nicht verzichten. Ich schon.

In meinem Geburtsjahr sangen die Berliner Mädchen »Am Sonntag will mein Süßer mit mir segeln gehn, sofern die Winde wehn, das wäre wunderschön...«

Also, ich mußte mir schon eine gehörige Portion Wind um die Nase wehen lassen, bevor ich eine gebrauchte Jolle und ebensolche Braut über den Wannsee schippern konnte. Aber, was sagte schon mein unvergessener Kollege Paul Henckels mit rheinischem Akzent in dem Kinovergnügen meiner Jugend »Feuerzangenbowle«: »Dat kriejen wir später...«

Lassen Sie mich noch ein Weilchen in meinem Geburtsjahr verweilen, bevor ich im »reichen Schatz meiner Erfahrungen« zu kramen beginne.

1929 erschien der Roman »Berlin Alexanderplatz«, die Geschichte des Franz Biberkopf, von Alfred Döblin, einem Armenarzt, der das Milieu kannte, in dem seine Figuren lebten. Vor dem Häusergewirr der hektischen Großstadt, vor der herumwuselnden Geschäftigkeit ihrer Bewohner, der marktschreierischen Kaltschnäuzigkeit und dusseligen Sentimentalität der armen Leute, der Gangster, Zuhälter, Schlachter und

Stricher versucht der gerade aus dem Zuchthaus entlassene Transportarbeiter Biberkopf »anständig zu sein«. Neutralismus 1929, ein Stoff, der vielen Autoren als Vorlage diente und später auch verfilmt wurde. Leider nicht mit mir.

Einmal haben wir im Scheunenviertel gedreht, in dem viele jüdische Familien wohnten, kleine Leute mit kleinen Geschäften, die das »Von-der-Hand-in-den-Mund-Leben« lebten, das eigentlich keins war. In der Rosenthaler Straße, zum Beispiel, wo noch immer die alte Tram auf plattgefahrenen Schienen zuckelt, vorbei an verschrammten Pinten und armselig aufgemöbelten Cafés, mit Menschen drin, die nicht fröhlich dreinkucken, an Restbauwerken in jämmerlichem Zustand und Menschen, die Tristesse und Sehnsucht nach einer anderen Zeit verbreiten, die für keinen besser war – nur anders.

Und sonst: Im Stummfilm wurde plötzlich gequatscht, was eine Menge Mimen mit Fistelstimme brotlos machte. Vicky Baum schrieb ihren Roman-Welterfolg »Menschen im Hotel«, Erich Maria Remarque hatte seinen größten Erfolg mit dem pazifistischen Roman »Im Westen nichts Neues«, und Werner Fink gründete zusammen mit Hans Deppe das Berliner Kabarett »Katakombe«. Nicht zu vergessen: In meinem Geburtsjahr wurde die Berliner Stadtbahn elektrifiziert. Sie sehen selbst – Berlin war nicht mehr zu bremsen.

Noch ahnte keiner, daß der gerade zur Welt gekommene Rundling ein Berliner Original werden sollte. Lassen Sie mich also »menschheitsgeschichtlich« der Reihe nach erzählen. Ich beginne mit dem Anfang, mit dem Säugling, von dem unser Schiller sagt:

»Glücklicher Säugling! Dir ist
ein unendlicher Raum noch die Wiege,
werde Mensch, und dir wird
eng die unendliche Welt.«

Der Säugling
oder:
Trink, Brüderlein, trink ...

Daß wir wieder werden wie die Kinder,
ist eine unerfüllbare Forderung.
Aber wir können zu verhüten suchen,
daß die Kinder werden wie wir.

Erich Kästner

Er hat es faustdick hinter den Ohren. Seine Lobby ist zwar heute einflußreicher als früher, trotzdem will ich mich seiner annehmen, schließlich waren wir alle mal einer. Also aufgepaßt: Beim Verlassen des Mutterleibs sollten Sie sich sofort mit den Familienverhältnissen vertraut machen, in die Sie sich da hineingeboren haben. Achten Sie besonders auf den Blick des Vaters, der alles über die Vermögensverhältnisse verrät, mit denen Sie nach seinem Ableben auszukommen haben. Vergessen Sie nicht, es gibt kein Zurück mehr, wenn Sie erst mal an der Mutterbrust nuckeln. Egal, von welchem Geschlecht Sie sind, unter welchem Sternzeichen Sie geboren sind, welche Partei Ihre Eltern gewählt haben – Sie haben es erst einmal geschafft, auf die Welt zu kommen. Das allein zählt.

Der Winzling wächst zum Kind heran, von dem es heißt, es und die Narren redeten die Wahrheit, wird Jüngling oder Mädchen, Single oder Double, gute Hälfte von einer anderen guten Hälfte. Geschieden wird man heutzutage beim Schnellrichter. Es ist alles »leichter« geworden, sagte schon Tante Elsa, als sie 1943 in Berlin ausgebombt wurde. Na ja, dann kommt die Reife – hoffentlich.

Der Knabe
oder:
Bloß keine Schwäche zeigen

Alle reden von Kindern, wir machen sie.

Ein unbekannter Vater

Und Bogumil Goltz meint: »Der Knabe sehr viel leiden muß, eh aus ihm wird ein Dominus.«

Ich stimme beiden Herren zu – aus Erfahrung.

Dem Knaben will ich auch ein paar praktische Hinweise geben, die ihm sein »Leiden« leichter machen sollen. Höre also, Knabe:

Es stimmt nicht, daß alles, was auf den Tisch kommt, gegessen werden muß. Mütter kochen zuweilen schrecklich, besonders, wenn sie eifersüchtig und urlaubsreif sind oder der Nachbarin das neue Auto nicht gönnen. Setz Dich aufs Fahrrad, iß irgendwo außer Haus, am besten bei Omi.

Merke:

Der kunstgedüngte Spinat ist nicht annähernd so eisenhaltig, wie Papa sagt. Und der Quark, daß dieses Grünfutter die Muskeln wachsen läßt, ist nur erfunden worden, um das Zeug besser in die Kinder hineinzukriegen. Vorsicht also bei Erklärungen, die zu Speisen abgegeben werden. Öfter mal »nein« sagen, Mundsperre vortäuschen, unnachgiebig bleiben, auch wenn so ein Erziehungsberechtigter mit dem vollen Löffel herumfuchtelt. Wenn Du Glück hast, Knabe, dann lebst Du in einer Demokratie. Sie kennt keinen Zwang, Du hast das Recht auf freie Willensäußerung. Laß Dir keine Gewalt antun – im übrigen, was man nicht runterschlucken will, kann man immer noch ausspucken. Das gilt fürs ganze Leben.

Akzeptiere die Mahlzeiten, das heißt, achte darauf, daß pünktlich gegessen wird. Unpünktlichkeit solltest Du lauthals kritisieren. Schrei aus voller Brust, Knabe, das ist gut für die Lungen. Aber schweige, wenn Sinatra singt.

Wenn Du spielst, spielst Du! Darüber sollte Klarheit herrschen. Laß Dich nicht stören, spiele mit allem, was Du erwischen kannst. Daddys Computer hat einen viel effizienteren Unterhaltungswert als diese koreanischen Blechraketen.

Nach dem Essen willst Du ruhen. Tausend Schritte kannst Du noch nicht tun, das kommt später, mit dem Rauchen.

Auf den Topf gehst Du nur, wenn Du mußt. Viele Eltern schnappen sich ihren Nachwuchs und setzen ihn bei jeder passenden und unpassenden Gelegenheit auf das kleine Gefäß, das einen sitzfreundlichen Holzrand haben sollte. Kaltes Porzellan und Emaille schocken fürs Leben.

Bestehe darauf, daß Du während Deiner »Geschäftszeit« ungestört bleibst. Ein Elternteil in Wartestellung läßt keine totale Entspannung zu. Schließlich bist Du sensibel.

Geschenke hast Du gern, Umtauschrecht sollte garantiert sein. Akzeptiere nicht jede Süßigkeit, denke an Deinen Teint und Deine Figur. Ein Konditor in der Familie ist gefährlich – ich weiß, wovon ich rede. Armut schändet nicht, werden sie Dir später sagen. Mach Dir nichts draus, Du gehst auch so Deinen Weg. Laß Dich nicht albern kleiden, Einfarbiges paßt am besten zum männlichen Wesen. Und Vorsicht mit den Windeln, da gibt es Dinger, die tragen unheimlich auf. Durchstehe das Knabenalter souverän. Was danach kommt, kann nur schöner sein.

Hab Papa, Mama, Oma und Opa lieb – aber verausgabe Dich nichts, sonst bleibt nichts mehr für Deine Freundin, mit der Du im Sandkasten spielst.

Genieße die paar Jährchen, versuch gut über die Runden zu kommen, und behalte Dir ein paar Erinnerungen für später, damit Du sagen kannst:

Schön war die Zeit, als ich noch Knabe war...

Da fällt mir eine Geschichte ein, eine »Knabengeschichte«, die ich bei Außenaufnahmen in Oberbayern erlebt habe. Ich nenne sie ...

Der Detektiv im Beichtstuhl *oder:* Der Herr ist mein Zeuge

Wer wohl beichtet,
sein Herz erleichtert.

Sprichwort

Ort der Handlung: Ein katholisches Gotteshaus in einer ländlichen Gemeinde. Hochsommer, drückende Augusthitze. Ich suche Kühlung in der Barockkirche. Der Lehrer und Organist übt nervend auf der alten Orgel. In der Bankreihe neben dem Beichtstuhl sitzen Buben und Mädchen in Erwartung der Beichte.

Die Vroni verläßt mit scheinheiligem Augenaufschlag das Sündenabladehäusl, quetscht sich in die volle Reihe zurück und beginnt mit gefalteten Händen eine Gebetslitanei. Jetzt ist der Knabe Maxl dran. Ziemlich selbstbewußt verschwindet der Siebenjährige hinter dem schwarzen Vorhang. Routiniert flüstert er durch das altmodische Holzgitter, hinter dem der Pfarrer Augustin lauscht. Offensichtlich hat er nichts zu beichten, denn sein Vortrag ist auffallend kurz.

»Ist das alles, was du zu beichten hast?« knurrt Pfarrer Augustin hinter dem Gitter.

»Jawoll, Hochwürden, des is alles«, antwortet der Maxl.

»So« – tönt es ungläubig zurück.

Eine Pause entsteht, die dem Maxl Unbehagen bereitet. Als dann plötzlich eine Zigarette durch das Gitter geschoben wird und Pfarrer Augustin leutselig fragt, »hast amal a Feuer für mich, geh sei so gut«, muß der Maxl über soviel Vertraulichkeit des gestrengen Seelsorgers grinsen. Sofort kramt er in seinen vollen Taschen, holt Streichhölzer heraus. Er gibt Feuer, Hochwürden zieht und bläst eine gewaltige Menge Rauch zum Maxl heraus. Der Qualm steigt aus dem geweihten Gehäuse, sehr zum Erstaunen der anderen Kinder, denen bisher nicht bekannt war, daß Pfarrer Augustin sogar im Beichtstuhl qualmt, obwohl er als starker Paffer bekannt ist. Maxl verläßt grinsend den Beichtstuhl. Noch bevor er weggehen kann, prescht ein Arm des Geistlichen aus dem Stuhl. Kraftvoll hält er den verdutzten Maxl am Kragen fest, zieht ihn heran, öffnet den Vorhang, so daß erstmals sein imponierendes Gesicht zu sehen ist. Ein Seelsorger von der weisen Art, einer, dem man nichts vormachen kann.

»Hab' ich dich erwischt, du alter Zündler. Hast du mir nicht auf Ehr' und Seel' versprochen, keine Streichhölzer mehr im Hosensack zu haben? Neulich wär' beinah der Zenzi ihr Hasenstall abgebrannt. Da hast doch du wieder die Finger im Spiel gehabt, du Lausbua, du miserabler.«

Maxl knickt völlig zusammen, er läßt das Donnerwetter über sich ergehen. Mit gesenktem Haupt sieht er wie der reuigste Sünder von Oberbayern aus. Dann meldet er sich aber noch einmal zu Wort, nämlich auf eine Frage des bärbeißigen Pfarrers, der inzwischen die Zigarette ungeniert weiterraucht.

»Warum hast denn die Zündhölzl überhaupt dabei gehabt? Wolltest mir die Sakristei anzünden, was?«

»Ehrenwort«, versichert Maxl treuherzig, »so was tät' ich nie. Ich hab' mir halt gedacht, weil der Herr Pfarrer soviel raucht, daß Ihnen im Beichtstuhl vielleicht langweilig werd'n könnt und Hochwürden dann gern eine smoken möcht'. Und weil Sie nie ein Feuer dabei haben, hab' ich mir gedacht, ich könnt' Ihnen vielleicht eine feuern ...«

Jetzt kommt der Pfarrer Augustin aus dem Beichtstuhl. Er ist von stattlicher Erscheinung, und das ganze Beichthäusl wackelt, als er den Verschlag zuwirft. Das ist der Augenblick, in dem Maxl sich losreißt und einen Blitzstart zum Kirchenportal beginnt.

»Na warte, du Früchtchen«, stößt der Gottesmann hervor und nimmt die Verfolgung auf.

Natürlich ist der Maxl schneller.

Als der Pfarrer das Portal erreicht und ins Freie tritt, blendet ihn die Sommersonne. Er hält die Hand vor die Augen und ruft: »Maxl, bist du noch da?«

»Jawoll, Hochwürden«, kommt es zaghaft zurück.

»Zwölf Vaterunser, droben in der Bergkapelln! Verstehst?«

»Jawoll, Hochwürden, i versteh': zwei Vaterunser ...«

Der Pfarrer kehrt lächelnd zum Beichtstuhl zurück. »Hereinspaziert«, sagt er gutgelaunt und wundert sich über seinen Jahrmarktton.

Ein Mädchen ist an der Reihe.

Planlos *oder:* Auf dem Weg

Jugend ist wie Sauerteig.
Aber der Sauerteig ist nicht
das ganze Brot.

Alexander Puschkin

Als ich so ein Dreikäsehoch war, sang Hans Albers als »Liliom« in Berlin: »Komm auf die Schaukel, Luise...« Knapp vierzig Jahre später stand ich in dieser Traumrolle auf der Bühne des Berliner Hansa-Theaters. Das hätte ich mir auch nicht träumen lassen.

Also, Bäcker bin ich nicht geworden, wenngleich in Wolgast bei Peenemünde, wo wir die Sommerferien verbrachten, ein weiterer Bäckeronkel auf einen Nachfolger lauerte. Zweizentneronkel Walter verstand nicht nur sein Handwerk, er lockte mich auch sehr geschickt immer wieder auf den süßen Trip, der bekanntlich über den Gaumen führt – ein Organ, dem ich zuweilen schamlos erliege. Nur mit viel Energie, der richtigen Einschätzung von Tante Elsas Kopfschütteln und im Hinblick auf die heraufdämmernde »Neue Zeit«, in der man rank und schlank und geschwind sein sollte, schaffte ich den Absprung vom Vanille-Schiffchen zum Jungvolk-Schiffchen. Letzteres trug man auf dem Kopf.

Plötzlich war ich ein organisiertes Kind – ein Pimpf. Ich entwickelte Persönlichkeit – und eine Meise, wie wir Berliner sagen. Ich spielte mich auf und merkte schnell, daß die anderen Pimpfe mir zuhörten, wenn ich sie herumkommandierte oder ihnen die Hucke vollog. Das gefiel mir, schmeichelte mir, verschaffte mir ersten Respekt. Als ich darüber einmal in einem Fernsehinterview sprach, meinte die Journalistin: »Das war der Augenblick, in dem Sie Ihr ›Selbstwertgefühl‹ entdeckt haben ...«

Na so was.

Ich komme nun zur schönen Konkurrenz der Knaben, zum Mädchen.

Mädchen
oder:
Vorsicht bringt nichts

Wenn zwei weibliche Wesen nebeneinander sitzen, zieht es – egal wie alt sie sind.

Marlene Dietrich

»Mägdlein klein
Mägdlein fein,
du sollst Papis Liebling sein.«

Von mir kann der Vers nicht sein, ich habe zwei Jungs. Natürlich hätte ich auch gern eine Tochter gehabt. Aber es reicht mir, wenn man meine Frau Susanne dafür hält.

Liebling ist jemand, den man lieb hat.

Papi und Mami haben Dich lieb, na schön.

Mußt Du sie deshalb auch lieb haben?

Du mußt nicht, Du darfst.

Dürfen ist fein.

Also lieb sie.

Der kleine Wonneproppen, der Du bist, ist eine Persönlichkeit. Laß darüber nie Zweifel aufkommen. Vergleiche Eltern, eine Menge davon sind im Angebot.

Es eltert überall.

Beobachte die Eltern von Deinem Kindergartenfreund oder Sandkastengefährten.

Wenn Dir an anderen Eltern etwas gefällt, dann frage Papi und Mami, warum sie das nicht auch so machen. Du hast ein Recht auf Antwort. Denk an das Grundgesetz. Du hast Anspruch auf ein bis zwei offene Elternohren. Wenn sie nicht zuhören wollen, zwinge sie. Ich weiß nicht, wie sensibel Deine Eltern sind – aber plärren hilft immer. Ich hab's ausprobiert. Übertreibe aber nicht. Zuviel Rabatz zwingt selbst das sanfteste Elternpaar in den Untergrund. Sei alternativ, lehne nicht gleich jede Speise und jedes Getränk ab, gib der gestreßten Mami eine Chance – und laß Vater in Ruhe eine Fernsehsendung mit Harald Juhnke anschauen. Er will sich bilden, eine Sache, mit der er Dir später unheimlich auf den Wecker gehen wird.

Sei kokett, Du kannst es.

Bring Deine Reize ins Spiel, besonders, wenn Du was angestellt hast oder etwas von Papi willst. Väter sind auch nur Männer, und wenn Du es geschickt anfängst, dann kannst Du Deinen Papi um den Finger wickeln, um jeden. Mach etwas aus diesen Jahren, eh sie weg sind wie der Schnee vom letzten Jahr.

Wenn Du etwas noch nicht verstehst, dann tu so, als ob Du es erfunden hättest.

Du bist schließlich wer, Du kannst Respekt fordern. Strafen dürfen grundsätzlich angedroht werden. Ihre Anwendung sollte aber unterbleiben.

Sei nicht nachtragend, das sind schon die Eltern.

Sei ein Sonnenschein, strahle tief in die Herzen Deiner Eltern hinein. Fülle ihr Herz mit Dankbarkeit darüber, daß es Dich gibt. Dann bist Du fein raus, und alles hört auf Dein Kommando.

Bedenke, Verwandte sind auch Menschen.

Zu diesem Thema eine kleine Begebenheit...

Pack die Badehose ein *oder:* Die Relativitätstheorie

Kluge Leute suchen sich die Erfahrungen aus, die sie zu machen wünschen.

Aldous Huxley

Als ich zehn Jahre alt war, hatte ich ein unvergeßliches Badeerlebnis in Berlin. Klein-Erna, eine freche Kröte, die entfernt zur Familie gehörte, war mit uns zum Wannsee rausgefahren, zwecks Badens und so, mit einem Korb voll Stullen, geflickten Autoschläuchen und Niveacreme. Sie nervte.

Kaum angekommen, rannte sie auch schon in einem besonders neckischen Badeanzug in den See hinein, schrie ununterbrochen »Juhu«, plantschte und spritzte um sich, als wäre eine Fliegerstaffel Hummeln hinter ihrem kleinen Po her. Endlich verschluckte sie sich und begann hastig, auf der Stelle herumzuschwimmen. Um bei ihrem eventuellen Hilfeschrei nicht in Aktion treten zu müssen, hatte ich mich vorsichtshalber hinter einem großen Strauch versteckt. Plötzlich entdeckte sie Onkel Eduard, der in einiger Entfernung schwamm. »Kann ich da noch stehen, Onkel Edi?« rief sie ihm zu. »Aber ja doch, mein kleiner Engel«, antwortete der Onkel überfreundlich und zog ungestört weiter seine Bahn.

Klein-Erna spitzte die Zehen und versuchte mit dem Grund des Sees Berührung zu bekommen. Hoffnungslos ging sie unter, was Onkel Eduard überhaupt nicht interessierte. Prustend, wild um sich schlagend, kam sie wieder hoch. Als sie sich gefangen hatte, meckerte sie mit schriller

Kinderstimme los: »Du hast mich angelogen, Onkel Edi, ich habe überhaupt keinen Grund bekommen...?!« »Aber, aber, mein Täubchen«, klärte sie der liebe Onkel auf, »wie kannst du so etwas sagen, du mußt nur weit genug runtergehen...«

Edi war mein Lieblingsonkel.

Der Jüngling
oder:
Aller Anfang ist schwer

In Persien mußten die Jünglinge drei Dinge tun: Reiten, Bogenschießen und die Wahrheit sagen. Ich kenne in Bonn kaum einen, der Bogenschießen kann.

Ludwig Poullain

Du bist ein Ereignis, Du bist wichtig, aber es stimmt nicht, daß Du in Deinem Alter schon Deine Memoiren schreiben sollst. Sportler sind die Ausnahme, weil sie so schnell vergessen werden.

Du wirst Deine eigenen Wege gehen, klar. Aber ein paar Wegweiser können nicht schaden.

Du hast Rechte und Pflichten.

Nimm Dir die einen und erfülle die anderen.

Öffne die Augen, lerne Freund vom Feind zu unterscheiden. Pflege die Freunde, ignoriere die Feinde – oder mache sie zu Deinen Freunden.

Finde Deine Talente heraus, Deine Neigungen, Deine Veranlagungen.

Who was who in the family?

Ein Blick auf die Ahnen sollte nur der Information dienen. Der Ruhm Deines Urgroßvaters ist nicht der Deine. Wenn Du Dich daran festklammerst, gibst Du zu, daß der bessere Teil der Familie schon unter der Erde ist.

Wissen ist tatsächlich Macht.

Eigne Dir davon soviel wie möglich an.

Ohne Neugier kommst Du nicht von der Stelle.

Wissen und Können sollten Dein inflationssicheres Kapital sein, mit dem Du krisenfest Deinen Lebensweg beginnst.

Was zählt noch?

Betrachte Dich im Spiegel, urteile ehrlich über Dich. Sei originell, repräsentiere nur Deinen eigenen Typ. Mach keine Anleihen bei anderen, äffe nicht nach, nicht in Kleidung, nicht in Sprache, nicht in Gesten, noch nicht einmal mit der Frisur.

Sei kein Papagei, plappere nicht nach, Du hast eine eigene Meinung – und die vertrittst Du.

Sei nicht besserwisserisch, nicht angeberisch, nicht provokant. Laß Milde walten gegenüber denen, die ihr Licht noch nicht unter dem Schemel hervorgeholt haben. Geduld, junger Freund, ist eine Tugend, die einem wohl ansteht, in jedem Alter.

Trau Dich was, flirte – auch wenn der Flirt danebengeht. Die Welt ist voller Mädchen.

Mädchen, das sind junge Personen, die Jünglinge rasend machen können.

Weil sie entzückend sind – oder biestig.

Weil sie eine selbstgemachte Logik entwickeln, der jede Logik fehlt.

Weil sie kokett und aufreizend sind und nicht halten, was sie versprechen.

Weil sie vorlaut oder schweigsam sind und immer so tun, als wüßten sie schon alles.

Weil die Schöpfung sie so gemacht hat, damit der Jüngling sie nicht übersieht.

Entdecke sie also, diese kleinen Engel mit den scharfen Krallen.

Vorsicht, sie kratzen wie die Katzen, siehe Quotenregelung.

Aber sie können ja sooo lieb sein.

Ach ja.

Jünglingszeit, Frühlingszeit des Lebens.

Genieße sie, Du Glücklicher.

Wir haben alle mal klein angefangen *oder:* Brett vorm Kopf

Die kleinen Jungen, die vergnügt auf die Straße pinkeln, zeigen an, daß bald mit ihn zu rechnen ist.

Unbekannt

Und wie ging's mit Harry Juhnke in dieser wichtigen Phase des Heranwachsens weiter?

Nach der Pimpfzeit kam die HJ-Zeit. Dahin wurde man automatisch überführt. Ein schreckliches Wort, wenn ich bedenke, wer und was damals alles wohin »überführt« wurde.

Herr von Schirach, respektlos auch Reichsjugendverweser genannt, hatte den deutschen Nachwuchs fest im Griff.

Ich war ausgelastet mit Oberschule in der Badstraße, Sportveranstaltungen, Wehrertüchtigungsübungen und ersten Mädchenanpeilungsversuchen. Ich vereinsmeierte herum, flunkerte das Blaue vom Himmel herunter, entdeckte Hans Albers als Supermann, sah Ilse Werner und Victor de Kowa in dem Käutner-Film »Wir machen Musik«, trotz »Jugendverbotschild« an der Kinokasse. Fliegeralarm gehörte zum Alltag, genauso wie Magenknurren aus Kohldampf oder Sondermeldungen aus dem »Blaupunkt Radio«, die mit Fanfarengetöse die Erfolge der Feldzüge unserer Soldaten verkündeten. In der Reichshauptstadt herrschte deutsche Ordnung, die Leute waren gesund, weil sie nichts zu Fressen hatten, die Lazarette waren überfüllt,

Marika Rökk warf die Beine und sang mit ungarischem Akzent den Peter-Kreuder-Schlager: »Im Leben geht alles vorüber...« Na hoffentlich, dachten damals die Berliner. Mir gefiel's, wie es war, denn ich hatte ein dickes Brett vor dem Kopf, das mir erst nach dem verpaßten Endsieg 1945 abhanden gekommen ist, als die Russen kamen, die Amis, die Zigaretten, die Nylons, Glenn Miller – und Frank Sinatra. Sein Hit »Dream« kam über den RIAS Berlin – und ich dünnes Handtuch schmolz weg.

Damals wurde in Deutschland viel geträumt. Ganz ehrlich: Es hat eine Weile gedauert, bis ich begriff, daß die Nummer mit dem jagdfliegenden Ritterkreuzträger Harry Juhnke gelaufen war und ich mir etwas anderes einfallen lassen mußte. Übrigens: Unter den Augen des Führers war ich inzwischen auch sexuell geweckt worden.

Im Rahmen der sogenannten Kinderlandverschickung – auch so ein abscheuliches Wort – wurde meine Gruppe nach Böhmen-Mähren verfrachtet, in kurzen Hosen, mit den üblichen Stullen von Muttern und einem kleinen Rucksack mit Klamotten, aus denen ich längst rausgewachsen war. Ich war ja mitten drin, ein langer Lulatsch zu werden.

Wir wurden in einem alten angegammelten Feudalhaus untergebracht, mit hohen, stuckverzierten Räumen, lauten Marmorböden und ollen Vorfahren in Öl an den tapezierten Wänden. Der »Dienst« war hart. Einmal drückte ich mich vor einer Grabungsaktion, spielte den Kranken und wurde prompt in ein Revierbett gesteckt. Der Länge nach ruhte ich vor mich hin.

Da kam sie.

Außer dem Essen brachte sie ein bäuerliches Lachen mit, zwei Fleischhändchen, einen dunkelbraunen langen Haarzopf und eine atemberaubende Figur. Ihren Namen habe ich vergessen, vielleicht hat sie ihn mir auch gar nicht gesagt, dafür erspähte ich aber unter ihrer an der Knopfleiste aufklaffenden weißen Kittelschürze zwei umfangreiche Brüste, die bei mir einiges in Bewegung setzten.

Mannomann, dieses tschechoslowakische Küchenpersonal hatte es vielleicht in sich! Ohne Vorgeplänkel ergriff die

Landschönheit sofort die Initiative. Als ich merkte, daß dieses Erlebnis eins von der besonderen Art war und sich bei mir schlagartig große Freude einstellte, beschloß ich die Sache zu meinem Hobby zu machen.

Dem Essen wurde kalt, mir aber heiß wie nie zuvor in meinem Leben. Als meine Kumpels vom Dienst zurückkamen und meine rotglühenden Backen sahen, machten alle das böse Fieber dafür verantwortlich. Die freundliche Anteilnahme ertrug ich gerührt. Natürlich behielt ich das Geheimnis meiner erhöhten Temperatur für mich. Ich wußte ja schon danach, was sich gehört.

Apropos Mädchen – über diese Geschöpfe sagt Geheimrat Goethe:

»Das Mädchen und ein Glas Wein,
kurieren alle Not.
Und wer nicht trinkt und wer nicht küßt,
der ist so gut wie tot.«

Der Mann hat recht.

Und Schopenhauer: »Mit dem Mädchen hat es die Natur auf das, was man einen Knalleffekt nennt, abgesehen.« Schopenhauer – Frauenkenner?

Für mich ist das Mädchen ein Symbol des guten Willens. Sein Zauber ist eklatant, sein Charme beeindruckend, sein Blick vieldeutig.

Wer behauptet, er verstehe die Mädchen, der lügt.

Nicht viele Mädchen trauen sich viel, und oft tragen sie schwer an den ihnen von Eltern verpaßten Erfahrungen anderer Generationen.

Also, aufgepaßt, Mädchen. Schieb diesen Quark weg. Bedien Dich, denn nur Du selbst weißt, was Du brauchst. Nimm Dich in die Verantwortung und benütze zuallererst Deinen Kopf, auch wenn er noch so hübsch und noch so jung ist. Entscheide selbst. Aber führ Dich nicht auf wie die Kerle, sonst kriegen die Angst vor Dir – und weg sind sie.

Für einen guten Rat hast Du immer ein Ohr frei. Fang es klug an, mach Dir Gedanken über Deine Wünsche und überleg Dir gut, was für Vor- und Nachteile Du bei ihrer

Realisierung hast. Wäge ab, zwinge nichts, laß den Dingen ihren Lauf. Hab Geduld, auch wenn es schwerfällt, und halte Dir stets einen Fluchtweg offen.

Mädchensein ist Dein Kapital.

Charme hast Du sowieso. So wie Du bist, bist Du richtig. Sei mutig – in sicherer Umgebung. Nütze Deine Zeit, sie ist der Beginn einer neuen Ära. Jetzt erwacht das Gefühl für schöne Worte, zärtliche Gesten, liebevolles Aneinanderschmiegen und erotische Empfindungen.

Neugier ist ein Zeichen von Intelligenz. Du bist intelligent. Klar.

Erkunde, finde heraus, gehe auf Entdeckungsreise. Rückschläge müssen sein. Jeder trifft mal eine Niete. Laß »ihn« sausen, aber sei nicht böse mit »ihm«. Kontrolliere Deine Sprache. Dialekt solltest Du wie eine Fremdsprache beherrschen und nur dann sprechen, wenn ihn Dein Gesprächspartner versteht.

Vermeide kesse Sprüche, rüde Redensarten und fuchtle nicht mit den Händen in der Luft herum. Überlaß das den Neapolitanern, die können das besser.

Unterstreiche Deine natürlichen Merkmale, korrigiere, helfe nach, aber verändere nicht.

Mag Dich, habe eine gute Meinung von Dir, vertrau auf Dich, Du hast alles, was Du brauchst. Deine Wirkung auf andere bestätigt es Dir.

Bleib kritisch, auch gegen Dich selbst.

Bedenke, daß auch diese Zeit, in der Du vielleicht schon Deinem Lebenspartner begegnest, einmal vorbei ist.

Mache etwas aus Deinen Mädchenjahren – und rieche gut. Dufte, mit Hilfe der Natur. Es gibt dufte Düfte.

Von einem ganz speziellen Duft handelt meine nächste Geschichte. Sie spielt auf dem Kurfürstendamm, im heutigen Berlin...

Die Duftnote
oder:
Bitte bleiben Sie bedeckt

... Myrrhen auflegen,
sich mit Öl salben,
einen schönen Tag verbringen.
Lege Kränze in deinen Garten!
Eine Lotusblüte an deine Nase,
Amenophis!

Altägyptische Lyrik

Ein exaltierter Kunde mit viel Zeit schnuppert sich durch das reiche Angebot einer eleganten Duftoase. Der Besitzer bedient persönlich, er versteht sein Geschäft. Er sprüht eine Probe.

»Hier haben wir eine berauschende Duftfülle, voll Faszination, verwirrend, betörend und intim wie das Geheimnis einer Frau um die Dreißig.«

»Ich suche etwas für eine reifere Frau«, sagt der Kunde. Der Salonbesitzer sprüht ein anderes Produkt auf die andere Hand des Kunden. Der wehrt ab. »Da waren wir schon. Wenn Sie gestatten...?« Er zieht die Jacke aus, krempelt die Ärmel hoch. »Hier ist noch Platz«, stellt er fest und lächelt. Der Verkäufer entspricht dem Wunsch des Kunden. Der aber schüttelt den Kopf, nachdem er geschnuppert hat: »So alt ist die Dame nun auch wieder nicht!«

Eine weitere Alternative folgt. Der Salon-Chef: »Diese Duftnote beschwört das geheimnisvolle Wesen der Frau, ihre unergründlichen Tiefen und Sehnsüchte, ihre Träume und Leidenschaften ...«

»Nee, nee«, sagt der Kunde, »der Duft ist mir zu intellektuell. Ich suche etwas Direkteres.« Eine weitere Probe landet auf dem anderen Arm des Kunden: »Hier wird die Anmut angesprochen. Der verzaubernde Charme und die blendende Persönlichkeit dieser schwingenden Mischung aus exotischen Moosen, Fruchtaromen und Blütendüften hat schon den japanischen Dichter Sankou zu seinen berühmten, erotischen Versen inspiriert...«

»Kennen Sie einen?« fragt der Kunde.

»Wen?« will der Parfümladenbesitzer wissen.

»Einen von den erotischen Versen?«

»Aber, ich bitte Sie«, echauffiert sich der Duftverkäufer, »wir sind doch hier kein Puff?!«

Er greift nach einem anderen Flacon, will sprühen, der Kunde wehrt erneut ab. »Da waren wir doch schon.« Er knöpft das Hemd auf. »Wenn Sie gestatten...«

Der genervte Ladenbesitzer donnert dem Kunden eine volle Ladung auf die behaarte Brust, der seinerseits Schwierigkeiten hat, daran zu schnuppern.

»Frische Blüte, verschwenderische Fülle, elegante Wärme und pudrige Würze prägen dieses Parfüm, das Auslöserfunktion hat«, leiert er.

Der Kunde: »Ich find's eher holzig, kantig, muffig.«

»Mein Gott, das ist natürlich Geschmacksache«, näselt der Sprüher schnell zurück.

Der Genervte nimmt eine weitere Flasche, zögert, weil er nicht weiß, wohin er die Probe setzen soll.

Der Kunde kapiert. »Eine Sekunde, wenn Sie die Güte haben...«

Er krempelt die Hosen hoch, rollt die Socken herunter und hält dem indignierten Verkäufer eine Wade hin.

»Da komm ich mit der Nase ran, verstehen Sie?«

Die weiße Wade wird besprüht. »Dieses Parfüm ist der absolute Hammer, wenn ich mich mal in Ihrer Sprache ausdrücken darf. Es ist schnell, spitz, aggressiv, geil, primitiv und sündhaft teuer.«

Der Kunde schnuppert beleidigt: »Zu schrill! Wofür halten Sie denn die Dame?«

Der Verkäufer hat endlich die Lust an dem Kunden verloren, er muß sich für einen Augenblick setzen.

»Verzeihung«, sagt er erschöpft.

Eine alte Lady betritt den Laden, erschrickt über den leicht bekleideten Kunden und flieht. Der Salonbesitzer eilt ihr nach, zwecklos. Jetzt reicht es ihm: »Mein Herr, ich muß Sie bitten, sich wieder anzukleiden. Sie sehen ja, Sie vertreiben mir die Stammkundschaft. Das war Frau Schmitz-Laufvorshaus, die Gattin des gleichnamigen Eierproduzenten...«

»Ah, das interessiert mich«, sagt der Kunde, »ich hab' gelesen, daß es jetzt Eier mit diversen Geschmacksnoten gibt. Haben Sie so was?«

»Ganz sicher nicht. Eier sollen nicht duften, sondern schmecken. Wenn Eier duften, stinken sie und sind verdorben. So einfach ist das.«

»Apropos einfach«, wirft der Kunde ein, »haben Sie nicht etwas ganz Einfaches, eine simple Duftnote, die durch ihre Natürlichkeit vom Hocker reißt?«

»Mal sehen«, sagt er, »ich habe da eine Idee...«

Er geht in den Lagerraum, nimmt einen leeren Sprühflacon, füllt ihn mit Wasser und kehrt zurück. Er tut geheimnisvoll. »Das ist das Spitzenprodukt des Jahres 2000. So wie Ruhe einmal der Luxus der Zukunft sein wird, wird diese Duftnote die ganze Welt erobern. Noch ist die Sache top secret, Sie verstehen, bei Ihnen als Kenner mit einem so ausgebildeten Riechorgan will ich aber eine Ausnahme machen.«

Der Kunde fiebert der Probe entgegen. »Ganz toll, nun machen Sie schon...«

»Bitte haben Sie Verständnis, wenn ich gewisse Vorsichtsmaßnahmen ergreifen muß. Wenn Sie mir hier auf dem Zettel schriftlich zusichern würden, daß Sie von diesem neuen Produkt zu keinem Menschen sprechen werden...«

Der Kunde unterschreibt mit zitternder Hand.

»Bitte entspannen Sie sich. Ich gebe jetzt eine Probe auf meine Innenhand.«

Er tut es. Der Kunde schnuppert verzückt. Der Verkäufer

erklärt: »Das Produkt heißt Aquanaturale, was soviel wie Naturwasser bedeutet. Fühlen Sie schon, wie die Natur aus dem Unterbewußtsein heraufsteigt...?«

Der verklärte Kunde: »Ich fühle sie, ich fühle sie...«

Dann verliert er das Oberbewußtsein und rutscht vom Hocker.

»Na, wer sagt's denn«, konstatiert der Ladenbesitzer zufrieden, »gegen Mutter Natur kann eben kein Duft der Welt anstinken, sie ist noch immer die Größte.«

So wird's nie wieder sein
oder:
Am Wetter kann's nicht liegen

Nur ein mittelmäßiger Mensch
ist immer in Hochform.

William Somerset Maugham

Na ja, bevor auf dem Ku'damm wieder internationale Duftwässerchen verkauft werden konnten, mußte erst noch viel Wasser die gute alte Spree herunterlaufen. Noch war die sogenannte Reichshauptstadt nicht befreit. Das mächtige 90000-Hektar-Luder, über Länge und Breite jeweils 45 und 39 Kilometer groß, lag ziemlich verletzt und geschunden darnieder. Die letzten Luftangriffe hatten eine verheerende Wirkung, aber die Menschen ließen sich nicht unterkriegen. Sie hatten das gescheiterte Attentat auf Hitler weggesteckt, das »Volksgerichtshof-Urteil« in der »Deutschen Wochenschau« im Kino über sich ergehen lassen und widerstandslos akzeptieren müssen, daß der minibärtige Österreicher ihre Kinder zum Fronteinsatz rekrutierte – eine Front, die meiner Geburtsstadt Berlin und meinem damaligen Aufenthaltsort, dem fliegerlosen Fliegerhorst Susice in der Tschechoslowakei, täglich näher kam.

Im März 1945 wurden Juhnke und zwei Soldatenkumpel zu einer Dienstreise nach Dresden abkommandiert. Es war gespenstisch. August des Starken königliche Residenzstadt mit ihrem weltberühmten Stadtbild war am 13. Februar 1945, einem Fastnachtsdienstag, von britischen und amerikanischen Bomberverbänden restlos niedergemacht worden, 300 000 Menschen haben diesen Wahnsinn mit dem Leben bezahlt.

Übrigens: Dem englischen Bomberkommandanten, »Bomber-Harry« genannt, hat erst neulich die nette alte englische Königin Mutter ein Bronze-Denkmal geweiht. Der britische Humor ist auch nicht mehr das, was er einmal war.

Zurück zu unserem Befehl.

Wir faßten Panzerfäuste für den Endsieg und die Verteidigung Großdeutschlands durch Alte und Kinder – dem sogenannten Volkssturm, der mehr einem Volkslüftchen glich. Bis auf ein paar Unverbesserliche hatten die Menschen die Schnauze voll. Leider gehörte ich noch nicht dazu.

Nachdem wir also das Zeug besorgt hatten, saßen wir im zerstörten Hauptbahnhof, löffelten dünne Suppe aus der ambulanten Feldküche und warteten auf den Zug, der uns zurückbringen sollte.

Und mitten in dieser lärmenden Endzeithektik, dem Gezische und Gedampfe ein- und ausfahrender Züge mit schnaubenden Dampflokomotiven, feinen Rußwolken, die aus der fensterlosen Finsternis des Hallendachgerippes herabregneten, zwischen herumirrenden verwundeten Soldaten und Zivilisten, Krankenschwestern, Sanis, Feldpolizisten, Wehrmachts- und SS-Streifen, aufgelösten Flüchtlingen, verzweifelten Vertriebenen, ausgebombten Frauen und Kindern mit von Tränen und Rauch rotgeränderten Augen voll Trauer, Angst und Hunger – stand SIE.

Wer denkt in soviel kaputter Welt schon an so was?

Icke, wie der Berliner sagt.

»Blitzmädel« hießen die jungen Dinger damals, in ihrer knappen Rock-Uniform, mit weißer Bluse, dunkelblauer Jacke und Schiffchen auf dem Lockenkopf. Sie waren keß und frech, taten Dienst als Telefonistinnen und Funkerinnen – und sie verstanden es, mit Männern umzugehen. So hieß es jedenfalls unter Kennern.

»Ich muß mal«, sagte ich zu meinem Unteroffizier.

»Dann mach mal«, sagte er.

Es kam so, wie es kommen mußte.

Ich hatte schnell herausgefunden, daß man nirgends sicherer ist, als mitten im Chaos. Da schert sich nämlich keiner um den anderen, weil jeder mit sich selbst überfordert ist. Im Zug nach Halle, der nicht meiner war, griff ich an. Die Ouvertüre fiel wegen Zeitmangels aus, ich ließ gleich Pauken und Trompeten die Führung übernehmen, überbrückte eine kleine Verzögerung mit Klarinetten und vollendete mit den schweren Bläsern, den Hörnern, den Tubas und einer Trillerpfeife. Die gehörte einem Eisenbahner, der damit den Zug in Bewegung setzte. Ich fuhr zwar in die falsche Richtung, aber sonst lag ich goldrichtig.

Die blitzsaubere Blitzmaid und der Offiziersanwärter Harry belegten eines der leeren Wehrmachtsabteile, zogen die Vorhänge vor und schnackselten – wie die Wiener sagen – für Deutschland. Meine Güte, wenn die mich erwischt hätten – ich hätte nie den »Bambi« bekommen.

Das Ende des Krieges stand unmittelbar bevor. Damals fragten sich die Berliner, die immer schon helle waren und ahnten, was auf sie zukommt: »Was machst du nach dem Krieg?« Antwort: »Eine Radtour durch Deutschland.« Frage: »Und was machst du am Nachmittag?«

Ich weiß, daß in Teilen Berlins schon der russische »Befehl Nr. 1« plakatiert wurde, während in anderen Teilen die Nr. 14 der nationalsozialistischen Zeitung »Der Panzerbär« unters Volk gebracht wurde. Da stand drin: »Wo der Führer ist, ist der Sieg!«

Zwei Tage später hat sich der von der ›Vorsehung‹ gesandte Feldherr selbst das Licht ausgeknipst. Das verstand ich nun überhaupt nicht. Was ist denn das für eine Art, dachte ich. So kurz vor dem »Endsieg« einfach abhauen, mit Frau und Hund und Kind. Hoppla, Fehlanzeige. Nachfahren hatte der Herr ja nicht gezeugt, bis auf einen unehelichen Sohn, der in einer Münchner Druckerei gearbeitet haben soll – so erzählte mir jedenfalls Jahrzehnte später der unvergessene Evergreen-Komponist Peter Kreuder unter dem Siegel der Verschwiegenheit. Ob Freund Kreuder wieder mal geflunkert hat?

Zurück an die Front.

Heini und ich lauerten im Schützengraben, als plötzlich ein Amipanzer auftauchte. Ich legte die Panzerfaust an, zielte und wollte den Koloß abknallen. So hatte ich das gelernt. Gedacht habe ich mir dabei gar nichts, diesbezüglich waren wir mangelhaft geschult worden. Heini verhinderte ein tödliches Fiasko. Wir kauerten in unserem Erdloch und bekamen Angst, ein Gefühl, das uns bis dahin fremd war.

In George Lukas' Film »Begegnung der Dritten Art« taucht plötzlich über den Köpfen der Kinobesucher ein nicht enden wollendes Riesenraumschiff auf, das mich an meine erste Begegnung der »Dritten Art« erinnerte. Noch heute sehe ich den unendlich in den Himmel ragenden Körper eines US-GI's, der kaugummikauend zu uns herabsah und voll Erstaunen fragte: »Are you kidding?«

Der Mann war ein Neger. Leider hatten die Nazis so was nicht in ihrer Regierung, sonst wäre ich nicht so erschrocken, als das lange schwarze Elend nach mir und Heini griff und uns Leichtgewichte aus dem Erdloch ins befreite Deutschland hochzog. Natürlich war der bärenstarke Kerl bewaffnet.

Er grinste uns an und fragte: »He, boys, like to have a Hershey?«

Das war der Name einer Schokolade, die damals ganz Europa mit Heißhunger aß. Zusammen mit anderen Raritäten wurde sie später eine Art Währungseinheit. Gott, schmeckte das Zeug gut!

Der Ami entwaffnete uns, packte uns in seinen Jeep und fuhr seine Beute zu einer Sammelstelle für Menschen- und Kriegsgerätschrott. Er sagte »Hi«, tippte mit zwei Fingern an die Stirn und überließ uns dem Schicksal, das damals viel zu tun hatte.

Kleiner Mann, was nun?

Nachts wurden wir auf einen LKW verfrachtet – und los ging's. Aber wohin?

Heini und ich hatten Berlin im Sinn, Vater und Mutter und so.

»Laß uns 'ne Fliege machen«, sagte ich, »vielleicht verscherbeln die uns an die Russen, dann kommen wir nach Sibirien, holen uns Eisbeene und verrecken da.« Zu spät. Der LKW stoppte – mitten in einem Haufen Russen, die sofort einen Kreis um den Ami-Truck bildeten.

Gottlob waren die Burschen besoffen und wollten sich nur mit Uhren für sich und ihre zahlreichen Familienmitglieder in der fernen Heimat eindecken. Das ging zwar ziemlich brutal vor sich, stellte aber keine Lebensgefahr dar, solange man die Fuselbrüder widerstandslos gewähren ließ.

Heini und ich hauten unbemerkt ab.

Wir schnitten unsere langen Hosen ab, was sehr verjüngend wirkte, und liefen, robbten, schlichen und sprangen wie die Karnickel durchs Gelände.

»Meine schöne Uhr«, klagte ich, als ich wieder einmal vergeblich auf sie zu schauen versuchte.

»Scheiß drauf«, antwortete Heini.

»Wie denn«, sagte ich. Heini hatte ja recht, es gab wirklich Wichtigeres zu tun, als sich um die Uhrzeit zu kümmern.

Wir steuerten ein Bauernhaus an, fanden eine aufgeschlossene Bäuerin, die unserer Sprache mächtig war. Sie bestätigte uns die Richtigkeit unseres Fluchtweges. Gewaschen und gekämmt trauten wir uns sogar auf die Landstraße, wurden in unserer Schüleraufmachung von verschiedenen Fahrzeugen mitgenommen und beschlossen, einen Passierschein zu organisieren. So ein Fetzen Papier, mit dem Namen drauf und einem dicken Stempel, war damals mehr wert als ein Abiturzeugnis. Die Schülermasche – aus Berlin landverschickt, in Angst und Sorge um die lieben Eltern daheim in Berlin – zog.

Dann folgte ein kurzes Gastspiel als Schienenverleger zusammen mit russischen Soldaten, für Brot und Suppe – und einen Passierschein.

Die Russen rückten ab, wir hielten Kriegsrat.

»So geht's nicht weiter«, sagte Heini. Und: »Der Mann von Welt fährt mit der Eisenbahn.«

»Spinnste?« fragte ich besorgt.

»Nee«, sagte Heini. »Ich freß einen Besen, wenn das nicht die Strecke nach Berlin ist – wetten?«

Es war die Strecke nach Berlin.

In einer Kurve schnappten wir uns den nächsten Langsamfahrer. Wir sprangen mitten ins volle Leben, in diesem Fall einen mit Getreide gefüllten Güterwagen, der tatsächlich nach Berlin adressiert war.

Endlich konnten wir unsere Position bestimmen: circa 150 Kilometer südlich von Berlin, im Raum Cottbus. Wir waren also wieder in Deutschland.

Als ich unterwegs »Königs Wusterhausen« las, fiel mir ein Stein vom Herzen.

»Berlin, wir kommen«, sagte Heini.

Ich nickte und dachte an zu Hause. Ob sie wohl alle noch lebten?

Plötzlich waren wir in Berlin – oder was davon übrig geblieben war. Vom Görlitzer Bahnhof aus machten wir uns getrennt auf den Heimweg. Heini ging nach links, ich nach rechts. Was ich sah, drückte mir das Herz ab. Mein Berlin – was haste dir verändert.

Woran hätte ich nicht alles denken können, als ich da unterwegs war. Und woran dachte ich, an Schlagerparodien, die Berliner damals auf gängige Lieder gereimt hatten und unter vorgehaltener Hand sangen. Für solche Scherze konnte man ins KZ kommen, wenn ein linientreuer Parteigenosse mithörte.

Einer der Schlager hieß: »Es geht alles vorüber ...«

Die Berliner machten daraus:

»Es geht alles vorüber,
es geht alles vorbei.
Im nächsten Dezember
gibt's wieder ein Ei.«

Oder:

»Es geht alles vorüber,
es geht alles vorbei.
Mein Mann ist in Rußland,
ein Bett steht noch frei.«

Die vielgepriesene Berliner Luft, Luft, Luft – sie war rauch- und rußgeschwängert, überall Schutt und Asche und fahlgesichtige Menschenruinen, mit stechendem Blick, schlürfendem Gang, gramgebeugt, verschlossen. Noch nie war ich so schnell in unsere Straße gelaufen. Endlich war ich da. Ich konnte es nicht fassen, unser Haus in der Fordonerstraße stand noch – und meine Eltern auch. Wir umarmten uns zu dritt, ließen einander nicht mehr los, lachten, heulten und konnten es nicht glauben: Wir hatten das Tausendjährige Reich innerhalb von einem Dutzend Jahren überstanden. So was ist eigentlich nur im Science-fiction-Film möglich.

Na schön, erledigt, abgehakt.

Ich habe über diese Zeit so ausführlich berichtet, weil es schon wieder Menschen gibt, die sie für nicht möglich halten.

Ich komme zu einem neuen Kapitel meiner »Menschenbetrachtung« und zu einem neuen Abschnitt in meinem Leben.

Ich hätte gern 'ne Zukunft *oder:* Es geht los

Das Leben, das die meisten führen,
zeigt ihnen, bis sie's klar erkennen:
Man kann sich auch an offnen Türen
den Kopf einrennen.

Erich Kästner

Am besten ganz ohne Pathos.

Locker, offensiv, hellhörig und flexibel sollten sie sich geben, wenn es darum geht, die eigenen Vorstellungen durchzusetzen. Korrekturen des Chefs stecken Sie weg, hängen Sie sich noch nicht an die große Glocke, zum »Bimmeln« sind Sie noch zu unerfahren. Ihre Bescheidenheit muß nicht echt sein, sie muß nur beeindrucken. Halten Sie beim Vorstellungsgespräch nicht mit Ihren Fähigkeiten hinter dem Berg, rücken Sie Qualifikation und andere Eigenarten ins rechte Licht, üben Sie aber Zurückhaltung mit Familiengeschichten, wenn die Mama wegen Kleptomanie sitzt und der Papa ein ausgebrannter Feuerschlucker ist. Sie brauchen den Job, nur das zählt. Den Chef können Sie sich später richten, wenn Sie die Lohnsteuerkarte und den Ausweis als »Organisierter« in der Tasche haben.

Ich erzähle Ihnen nun eine Geschichte aus dieser frühen »prägenden« Zeit des Lebens. Sie ist einem Schauspieler-Freund passiert...

Mutter, er studiert noch... *oder:* Auch andere haben Humor

Wer sich verlobt,
hat schon verloren

Egon Friedell

Brigitte war Berlinerin, jung, frech, hübsch, sie studierte Kunstgeschichte und liebte Felix.

Eines Tages hatten die beiden ein Problem. Ihre Eltern wollten sie abends nicht mehr vor die Tür lassen. Brigitte und Felix beschlossen, diesen Terror durch eine offizielle »Verlobung« zu unterlaufen. »Nur zum Spaß« machte er den obligatorischen Antrittsbesuch bei Brigittes Eltern.

Das war vielleicht ein Ding.

Er fuhr hin. Feine Gegend im Grunewald, ein Butler, ein Basset, kein Küchenmief. Ihm ward aufgetan. Er schritt in polierten Schuhen durch die marmorverkleidete Halle, nahm artig auf einem zebrafellbezogenen Ministühlchen Platz. »Nett haben Sie's hier«, sagte er zum Butler, der den unvergeßlichen Theo Lingen in seinen Dienerrollen nachäffte.

»Der Herr Generaldirektor wird sich Ihrer gleich annehmen«, kam es drohend aus einem Praliné-Mund. Sein süffisantes Grinsen irritierte meinen Freund.

Dann kam der Dicke herein, gebläht, jovial, mittelgroß, mit typischer Chef-Zigarre. Felix schnellte von dem Marterstühlchen hoch und versuchte sich vorzustellen. »Ich bin der...« »Ich kann mir denken, wer Sie sind...«, schnitt ihm der Dicke das Wort ab. Und dann: »Kommen Sie näher...« Felix kam näher.

»Setzen Sie sich. Sie sind so atemlos – sind Sie zu Fuß gekommen?« erkundigte sich der Umfangreiche im schillernden Seidenzweireiher.

»Ich hab' mein Auto vor der Tür«, sagte Felix stolz.

Er blickte verächtlich aus dem Fenster auf das Fahrzeug. Er räusperte sich, gab Felix einen mitleidvollen Blick und ließ sich in einen Sessel fallen. »Das nenn' Sie 'n Auto?«

»Ich bin Student«, erklärte mein Freund und nahm Platz.

»Na ja. Also, Sie lieben meine kleine Brigitte?«

»Jawoll, Herr Generaldirektor!«

»Haben Sie sich schon mal Gedanken darüber gemacht, ob Sie meine kleine Brigitte überhaupt ernähren können«, forschte er weiter.

»Nee«, sagte Felix und schüttelte den Kopf.

»Das sollten Sie aber«, schob er nach.

»Wieso denn? Können Sie's denn nicht mehr?« erkundigte sich Felix.

Darauf kam keine Antwort. Er fragte weiter: »Was verdienen Sie denn so?«

»Null... Ich bekomme ein Taschengeld von meinem Vater...«

»Fünfhundert die Woche?« bohrte er weiter.

»Fünfzig!« sagte Felix, »plus Studiengebühr!«

»Wollen Sie Kinder?«

»Einen Sohn, später.«

»Ein nobler Entschluß«, pflichtete der Dicke bei und zog vergeblich an seiner deutschen Brasil. Er nahm eine neue, bot Felix die Schatulle an, der winkte dankend ab. »Paßt nicht zu mir, vielleicht später mal«, sagte er bescheiden. Der Direktor feuerte seine Dicke Brasil und lächelte breitmundig. Ein Goldzahn blitzte.

Jetzt rollte die Frau Generaldirektor wie auf kleinen Gummirädern in den *living room* mit Bechstein-Flügel, Hausbar und merkwürdigen Ahnen auf der gemusterten Seidentapete. Felix verneigte sich artig vor der kurzen Gattin und dachte: Junge, was hast du dir da eingebrockt. Dann küßte er smart das gereichte Samtpfötchen, erinnerte sich eines alten Hollywood-Films und hauchte ein fast erotisches »Guten Abend, Frau Breitband«.

Augenblicklich stellte sich totale Leere in ihrem Gesicht ein. Erstaunen kam dazu. Felix wurde klar, daß er einen dramatischen Fauxpas begangen hatte. Er hatte die Blumen vergessen und Madame nicht mit dem Titel des Gatten angesprochen.

Die Verlobung schien in Frage gestellt.

»Also, Sie sind der...«, revanchierte sie sich.

»Ja, Frau Generaldirektor, der bin ich«, sagte mein Freund schnell.

Sie tat ein paar Schritte zurück, setzte die Brille auf und musterte Felix. Dann sagte sie: »O Gott, o Gott!«

»Er studiert noch«, warf der Gatte schnell ein.

»Wie lange denn noch?« wollte sie genervt wissen.

»Bis er fertig ist«, reagierte der Gatte geschwind und grinste.

»Und dann will er unsere kleine Brigitte heiraten?« unkte Madame weiter.

Felix sagte nichts.

»Wann?« forschte sie weiter und blickte den Besucher streng an.

Pause.

»Also, was ist nun, wollen Sie, oder wollen Sie nicht?« mischte sich der Vater wieder geschäftsmäßig ein.

Felix überlegte eine Weile, dann sagte er abwägend: »Wenn die Verlobungszeit vielversprechend verläuft, bin ich nicht abgeneigt.«

»Hast du das gehört, Männe, er ist nicht abgeneigt!«

Empört setzte sie sich und schlug ihre hübschen Beine übereinander. Sie wippte mit einem Bein. Der Vater sah die Sache weiterhin geschäftsmäßig.

»Gehe ich richtig in der Annahme, daß Sie unser einziges Kind, unsere kleine Brigitte, die Erbin eines nicht unerheblichen Vermögens, ausprobieren wollen?«

»Gewissermaßen. Wenn ich mir die Ehen meiner Altersgenossen so anschaue, komme ich zu der Überzeugung, daß ich nicht vorsichtig genug sein kann ...«

Dem Vater war die Zigarre schon wieder ausgegangen, er zündete sie erneut an, zog, blies tolle Kringel in den Raum.

»Unglaublich«, sagte seine Gattin und wechselte die Beinhaltung.

»Ich bitte Sie, Frau Generaldirektor, das ist doch nur fair. Schließlich probiert Ihre kleine Brigitte mich ja auch aus ...«

»Sie sind frivol«, zischte Madame.

In diesem Augenblick betrat Brigitte mit zögernden Schritten den Raum. »Störe ich?« fragte sie neckisch und berechnend zugleich. In artiger Entfernung von Felix nahm sie Platz.

»Ich möchte nur wissen, was du an diesem jungen Mann findest. Er ist weder vermögend noch gutaussehend. Das einzige, was man ihm schon jetzt prophezeien kann, ist eine Glatze, die er später mal haben wird«, witzelte Daddy. Brigitte griff ein. »Ich steh' auf so was. Er ist von all den beknackten Flurschäden, die ich ausprobiert habe, der Weltmeister ...«

»Ich wußte gar nicht, daß du ohne unser Wissen auch noch mit anderen jungen Männern verkehrst«, empörte sich die Mama.

»Ich darf doch bitten...«, schlug der Vater vor, was Felix mit einem »selbstverständlich« quittierte, erleichtert aufsprang und sich nach nebenan in Bewegung setzte, weil er dachte, es gäbe endlich eine Erfrischung und was zu futtern. Solche Verhöre sind ohne eine kleine Stärkung kaum durchzustehen. Leider hatte er sich geirrt und war ganz umsonst in die Höhe geschnellt.

»Setzen Sie sich!« befahl der Generaldirektor.

Jetzt war die Mutter wieder dran: »Haben Sie sich schon mal Gedanken darüber gemacht, ob Sie unsere kleine Brigitte überhaupt ernähren können«, forschte sie.

»Entschuldigen Sie«, sagte Felix leicht genervt, »das hat mich heute schon mal einer gefragt. Droht hier 'ne Hungersnot oder so was?«

Brigitte merkte, daß er sauer wurde, sie kam schnell an seine Seite, hielt seine rechte Hand fest, was ihrer Mutter gar nicht gefiel.

Vater kam wieder zur Sache. »Da gibt's nur eins, die Kinder lieben sich, das sieht man ja, wir arrangieren uns. Sie beenden dieses nutzlose Studium – was studieren Sie eigentlich?«

»Schauspiel«, sagte Felix stolz, »bei Professor Eschenbach.«

»O Gott, o Gott!« sagte die Mutter.

»Also, das lassen Sie mal sein«, sagte der Vater. Und weiter: »Sie treten in die Breitband-Betriebe ein. Meine Fußpuderfabrik zum Beispiel, die läuft von ganz alleine, da können Sie nichts kaputtmachen. Gepudert wird immer, haha ...!«

»Adalbert«, mahnte die strenge Gattin, »ich darf doch bitten.«

Wieder dieser Satz, der bei Breitbands nichts mit Appetithappen zu tun hatte.

Der Vater plante weiter Felix' und Brigittes Zukunft.

»Also, die Schauspielerei, die hängen Sie an den Nagel. Ist doch brotlose Kunst, und mit so 'nem Gesicht, jetzt mal ehrlich, das kann doch nichts werden. Ich geb' Ihnen Tausend im Monat, okay?«

Das war natürlich ein Angebot für einen jungen Mann, der noch alles vor sich hatte. Der Mann, der sein Chef werden wollte, hielt ihm die Hand entgegen.

»Schlag ein, Junge«, drängte er, »kannst Vater zu mir sagen.«

In diese Situation platzte ein weiteres Familienmitglied. Die Mutter der Mutter, wie sich später herausstellte, donnerte mit einem vollautomatischen Rollstuhl herein, schrammte an der Kommode, steuerte voll auf Brigitte und Felix zu. Um nicht mitsamt der Sitzgelegenheit über den Haufen gefahren zu werden, flüchteten beide hinter die Couch. Oma haute die Bremsen rein, blieb vor Felix und Brigitte stehen.

»Das is er, Mama«, sagte Breitband.

Die alte Dame fixierte meinen Freund vom Scheitel bis zur Sohle. Er lächelte, sie schüttelte den Kopf. Dann fragte sie: »Haben Sie sich schon Gedanken darüber gemacht, junger Mann, ob Sie meine kleine Brigitte überhaupt ernähren können?«

Nun reichte es Felix aber. »Nein, Oma«, sagte er, »das habe ich nicht und das werde ich auch nicht. Ihre Versorgungshysterie geht mir nämlich auf den Wecker. Brigitte ist eine prima Person, und ich bin sicher, daß Ihr den geeigneten Mann für sie findet. Ich für meinen Teil passe. Im übrigen war die ganze Angelegenheit sowieso nicht so ernst gemeint.«

Er küßte Brigitte, verneigte sich vor dem Rest und schwirrte ab. Brigitte drückte eine Träne heraus.

»Na, na«, sagte Vater noch, was Felix mit einem aufschlußreichen »doch doch« untermauerte. Dann war er draußen.

Jahre später, die Geschichte mit Brigitte war vergessen, lernte Felix ein Mädchen kennen, das im Hause Breitband ein- und ausging. Eines Tages erzählte sie ihm, daß die Breitbands sehr lustige Leute wären und ständig Unfug im Kopf hätten. Felix sagte natürlich nicht, daß er mit Brigitte beinahe »verlobt« gewesen wäre, er hörte nur zu.

So erfuhr er, daß bei Breitbands nach dem dramatischen Abgang eines jungen Schauspielschülers, der sich mit Brigitte verloben wollte, große Heiterkeit aufgekommen sei. »Ich verstehe nicht«, unterbrach Felix die lachende Person. Sie erzählte weiter, daß Breitband den jungen Mann als Schwiegersohn in eine Fußpuderfabrik stecken wollte, die es gar nicht gab, daß er sein Vermögen als Bulettenfabrikant gemacht hatte und ursprünglich mal Schauspieler werden wollte. Er liebte solche Stegreifspielchen, besonders, wenn ihn sein Liebling Brigitte darum bat.

»Super, super«, soll Brigitte zur lachenden Familie gesagt haben. »Ihr wart wieder mal unschlagbar. Ich hab' schon gedacht, ich werd' den Kerl überhaupt nicht mehr los.«

Berliner Humor vom Feinsten.

Das war ein Frühling ohne Ende *oder:* Weiß ich, was morgen ist?

Wer den kalten Wind nicht aushält,
der hat auf dem Gipfel nichts zu suchen.

Unbekannt

Karl Kraus sagte einmal: »Ich verlange von einer Stadt, in der ich leben soll, Asphalt, Straßenspülung, Haustorschlüssel, Luftheizung, Warmwasserleitung. Gemütlich bin ich selber.«

Nichts davon besaß damals Berlin. Und mit der Gemütlichkeit war es auch nicht weit her.

Das einzige, was sich regte, war der sogenannte Kulturbetrieb. Sechs Tage nach dem Waffenstillstand kreuzten Last- und Personenwagen durch Rest-Berlin und sammelten die Künstlerprominenz ein. Der russische Generaloberst Bersarin hatte eine Einladung nach Friedrichsfelde ausgesprochen, der alle »Kultura-Leute« folgten, allen voran Gustaf Gründgens und Paul Wegener. Victor de Kowa bekam von den West-Alliierten eine Lizenz für die Wiedereröffnung der »Tribüne am Knie«. Deutschlands erste Nachkriegspremiere fand am 1. Juni 1945 mit einem bunten Abend statt, da de Kowa kein geeignetes Theaterstück auftreiben konnte. Ilse Werner, seine Partnerin aus dem Film »Wir machen Musik«, sang und pfiff dem begeisterten Publikum eins, am Flügel begleitet vom »Münchhausen«-Komponisten Georg Haentzschel. Hildegard Knef, schnell noch ausgebombt, im Hause von Michi und Victor de Kowa in Ruhleben fürsorglich untergeschlüpft, moderierte in einem Ilse-Werner-Kostüm aus dem UFA-

Kostümfundus Babelsberg. Schampi Schönböck, Günther Lüders und Victor trugen vornehmlich Heiteres vor – denn Ernsteres hatten die Menschen ja schon genug um die Ohren. De Kowa führte damals den interessanten Titel eines »Civilian Director der Army Welfare Services Berlin Showboat«. Er trieb mit diesem Ding eine Menge Unfug zum Nutzen seiner zahlreichen Kollegen, die aus allen Löchern Berlins wieder hervorgekrochen kamen und irgend etwas spielen wollten. Victor hat sich in dieser ersten Stunde um Berlin und die Berliner verdient gemacht – das will ich hier ausdrücklich festhalten, in unserer zu Undank neigenden Zeit.

Als ich neulich die Freude hatte, mit Ilse Werner gemeinsam vor der Kamera zu stehen für den Spielfilm »Die Hallo-Sisters«, erzählte sie mir von de Kowas unverhoffter Verhaftung durch die Russen. Mitten in der Vorstellung eines ausverkauften bunten Abends stürmten zwei maschinenpistolenbewaffnete Russkis auf die Bühne, schnauzten de Kowa zusammen und drängten ihn brutal in einen Militärlastwagen. Das Publikum raste vor Begeisterung, es hielt dieses aktuelle Intermezzo für einen umwerfenden Regieeinfall.

Die Wahrheit war weniger komisch. De Kowa wurde ins Untersuchungsgefängnis des NKWD geworfen, wo er mit großem Hallo empfangen wurde, denn der völlig überbelegte Bau war voller Victor-de-Kowa-Fans. Sie dürfen nicht vergessen, de Kowa war damals auf dem Höhepunkt seiner Film- und Theaterkarriere als Schauspieler und Regisseur.

Schließlich stellte sich heraus, daß das Ganze ein Mißverständnis war. Zwei deutsche Russenbräute, die keine Karten für den ausverkauften bunten Abend bekommen konnten, hetzten ihre Liebhaber aus der fernen Ukraine gegen de Kowa auf, nannten ihn Hitlers Lieblingsschauspieler und Obernazi. Ausgerechnet Victor – daß ich nicht lache.

Der Irrtum stellte sich bei einem Verhör durch einen hohen Sowjetoffizier heraus, der im Zivilberuf Schauspieler in Moskau war.

Glück gehabt, Victor.

Wie gefährlich solche Verhaftungen waren, beweist der Tod von Heinrich George, der in einem russischen Lager ums Leben kam. Mangelnde ärztliche Versorgung beendete die Karriere dieses großartigen Kollegen.

Victors Verhaftung ist typisch für die damalige Situation in Berlin. Es waren Massen von Neidhammeln und Denunzianten unterwegs, die sich an integeren Menschen rächen und hochschaukeln wollten. Manch einer kochte sein stinkendes Süppchen auf fremder Flamme, eignete sich an, was ihm nicht gehörte, schüchterte ein und log sich eine »saubere« Vergangenheit zurecht, die ihn langsam, aber sicher in höchste Ämter und Positionen führte. Auch ein Stück deutsche Geschichte. Nicht wahr, meine Herrn, das hören Sie nicht gern ...? Es tat sich also einiges, ein Theater nach dem anderen wurde provisorisch zusammengeflickt und eröffnete mit Stücken, die lange nicht mehr gespielt worden waren – oder neu und aktuell waren.

Mir sagte das noch gar nichts, ich wollte ja Dentist werden, weil Vatern weise prophezeite: »Gebissen wird immer – wenn die Leute erst wieder mal was zwischen die Zähne kriegen.«

Das muß man sich mal vorstellen: Eben wollte ich noch für Deutschland einen US-Panzer knacken, da tauchten im Wedding auch schon die französischen Besatzer auf, die ausgehungerten Mädchen begannen mit gerollter Zunge und frechem Berliner Akzent »voulez-vous« zu fragen – und ich mußte wieder auf die Penne. Nach allem, was ich »erlebt« hatte, mußte ich wieder die verhaßte Schulbank drücken. Unglaublich.

Kneipen machten auf, der Schwarzhandel trieb Blüten, ich mischte mit.

Sie wurde »Franzosen-Uschi« genannt, wurde nur von Franzosen frequentiert und hatte alles, was mein junges Herz begehrte: eine tolle Figur und ein Zimmer, das wie ein Feinkostgeschäft eingerichtet war. Sie schenkte mir Gunst – und Verpflegung. Allein die Datteln aus Tunis – manifique!

Ich bekam den Status des *Afternoon-Lovers*, weil die Franzosen tagsüber Dienst schieben mußten. Uschi steckte mich in entschärfte französische Militärklamotten, setzte mir eine Baskenmütze auf, schob mir eine schwarze Celtique-Zigarette in den Mund – und ich begann mit französischem Akzent zu sprechen. Über Nacht wurde ich »Arri Jühnqué«!

Vater freute sich über den Rauch, und Mutter und Konsorten genossen den Bohnenkaffee – wenn möglich mit Sahnetrockenmilchpulver obendrauf.

Mir ging es ganz gut, ich machte meine Geschäftchen – aber das war's nicht. Etwas fehlte mir.

Mein Office war die Westminster-Bar, da trafen sich die schnellen Finger der Stadt, denen der Sinn nach einer schnellen Mark stand.

Ich versuchte es mit einer Privatschule, wollte mir ein falsches Abi-Zeugnis kaufen und ging ins Kino – tägliche Quote: mindestens drei Filme!

Befriedigte mich aber nicht.

Inzwischen hieß das Jahr 1948. Die notdürftig wieder eröffneten Theater spielten kaum mehr am altbekannten Platz. Es herrschte ein ganz schönes Durcheinander in der Theaterszene. Die Städtische Oper spielte im Gebäude der Volksoper. Die Scala hatte sich im Theater am Nollendorfplatz eingenistet, die Staatsoper unter den Linden verlagerte sich in den ehemaligen Admiralspalast, in dem Johannes Heesters während des Krieges seinen großen Erfolg mit »Hochzeitsnacht im Paradies« feierte, und die Komische Oper zog in das Metropol-Theater, das seinerseits ins Thalia-Theater auswich, das in Wilhelm Bendows verwaister »Bunten Bühne« am Halleschen Tor unterschlüpfte.

Zwei Jahre nach Kriegsende spielten in Berlin siebenundzwanzig Theater, vier Freilichtbühnen und drei Theater für die Jugend. Und heute, im Jahr 1994?

Das war eine echte Leistung und sagt viel über die Berliner, die sich langsam berappelten.

Die Theater waren voll, trotz Hunger und Kälte, miserabler Verkehrsverbindungen, Stromsperren und anderen Schikanen. Namen, die ich aus dem Kino kannte, waren Intendanten und Direktoren geworden: Kurt Seiffert, Werner

Nur Film-Väter können so gucken ... (Mit Désirée Nosbusch in »Leute wie du und ich«, 1981)

»Die Perücke schmeichelt dir«, behauptet mein Sohn Oliver. (»Plaza Suite«, mit Anaid Iplicjian, Theater am Kurfürstendamm, 1986)

»Das war nicht ich, es war der Schwan im Hintergrund.« (»Ein klarer Fall«, mit Chariklia Baxevanos, Theater am Kurfürstendamm, 1983)

»Mein Vertrauen in die Justiz ist ungebrochen.« (»Harald & Eddi«, 1986)

»Hoffentlich tragen mir die Kerle nichts nach …« (»Stars in der Manege«, Zirkus Krone, München)

Linke Seite: Der Spatz von Paris. (Stargast Mireille Mathieu, »Willkommen im Club«, 1986)

»Die Pavarotti-Geste sitzt schon, an der Stimme muß ich noch arbeiten.« (750-Jahr-Feier Berlin, Gala, 1987)

Oben: Mit Kußmund, Chanel-Kostüm und »Kralle« auf dem Täschchen. (TV-Sketch der Serie »Harald & Eddi«, mit Eddi Arent, 1986)

Unten: »Die Dame soll schon Großmutter sein.« (TV-Serie »Harald & Eddi«, mit Christine Kaufmann, 1986)

In bester Form. (»Ein besserer Herr«, Theater am Kurfürstendamm, 1982)

»Ach, Harvey, mach's noch mal ...« (»Mein Freund Harvey«, Theater am Kurfürstendamm, 1985)

»Beim Rumba kommt es auf die Zungenspitze an. Wußten Sie das nicht?« (»Ein besserer Herr«, 1982)

»Freund Udo kenn' ich schon lange.« (Stargast in einer meiner Shows, 1987)

»Den Orthopäden nehme ich Ihnen einfach nicht ab ...« (»Ein besserer Herr«, 1982)

Berliner Pfannkuchen heißen anderswo Krapfen. Beide sind für hohle Zähne ungeeignet. (Szene aus einer Musikshow)

Fütterer, Rudolf Platte, Arthur Maria Rabenalt, Jürgen Fehling und Boleslaw Barlog.

Verdammt, dachte ich mir damals, als die Zeitungen voll Theaterbesprechungen waren und die Berliner jeden Frühabend zu Scharen in die arg mitgenommenen Musentempel strömten – da muß doch was dran sein. Aber was?

Da fällt mir ein, daß Alfred Döblin, der Dichter von »Berlin Alexanderplatz«, damals Berlin besuchte. Ein Auto der französischen Militärregierung fuhr ihn durch die zerstörte Stadt, chauffiert von einem alten Berliner Taxler, dem Döblin bei der stundenlangen Kreuzfahrt immer wieder kopfschüttelnd sagte: »Hier habe ich mal gewohnt, hier habe ich mal gelebt – leider mußte ich nach dem Reichstagsbrand Berlin verlassen...«

Glück gehabt, alter Knabe.

Als ich wieder mal geschäftlich unterwegs war, rannte mir ein anderes schmales Handtuch über den Weg, ein Mitschüler, der später unter dem Namen Jo Herbst Karriere als Schauspieler und Kabarettist machen sollte. Ein helles Kerlchen, mit Grips in der Birne. Was meinen späteren Beruf anbelangt, so war mir Jo Herbst bereits eine Ecke voraus. Er besuchte nämlich schon damals eine Schauspielschule.

»Warum machste denn das?« fragte ich.

»Blöde Frage«, sagte er, »ich will ein zweiter Einstein werden.«

»Quatsch«, sagte ich.

»Ich will zum Theater, was denn sonst.« Dabei schob er den Schmollmund vor und betrachtete mich mit großen Augen hinter Brillengläsern.

»Ach so«, sagte ich, »wie die Kino-Typen.«

Jetzt legte er los, redete, erklärte – und begeisterte mich. Dann gab er mir zwei Eintrittskarten für das Deutsche Theater, »Romeo und Julia«, mit Antje Weisgerber und Horst Caspar.

»Den kenn' ich, den habe ich in dem Schlüter-Film mit dem ollen George gesehen. Starker Typ.«

»Es wird dir gefallen«, sagte Jo.

»Woher willste das wissen?« motzte ich.

»Wirst schon sehen«, sagte Jo und ließ mich stehen. Ich warf mich in Schale, machte in Kultura. Die Sache beeindruckte mich, die auf der Bühne und die im Zuschauerraum. Die Leute waren wie weggetreten – ich auch.

Der Caspar war einmalig. Ob ich ihm nach der Vorstellung auflauern und ansprechen sollte? Ich traute mich nicht.

Jo schenkte mir noch Karten für andere Stücke. Mindestens drei bis vier Abende verbrachte ich andächtig in den boomenden Behelfstheatern Berlins. Kino fiel erst mal aus.

Zum Erstaunen meiner Eltern las ich Reclam Textbücher und anderes Zeug über Theater und so.

»Haste was?« fragte mich meine Mutter.

»Nee«, sagte ich – und hielt die Klappe.

Der Funke sprang von der Bühne herab auf mich über, zündete, und ich begann langsam, aber immer intensiver zu brennen.

»Ich gehe auch zum Theater«, sagte ich zu Jo Herbst.

»Dann mach mal«, grinste er.

Mein Status:

Ich war achtzehn, ungebunden – Franzosen-Uschi ward in den US-Sektor gewechselt, weil die Amis mehr Sold und bessere Naturalien bekamen –, und ich benahm mich wie ein Junggeselle.

Bevor ich weitererzähle, will ich etwas zum »Junggesellen« sagen. Er verdient es.

Jung und gesellig
oder:
Entwicklungsstadium?

Beim gesellschaftlichen Aufstieg empfiehlt es sich, freundlich zu den Überholten zu sein. Man begegnet ihnen beim Abstieg wieder.

Jo Herbst

Egal ob weiblich oder männlich, die Junggesellen gehen nur halb aufs Ganze, sie denken nach, bevor sie nein sagen.

»Ja« ist für viele ein Fremdwort, das sie ungern benützen. Ihr Zuhause ist tabu, egal, ob ordentlich oder chaotisch. Die vier Wände sind Planungsstätte, Aktionsstätte und Ruhestätte. Sie denken praktisch und kommen auf kleinstem Raum zum Ziel.

Und die anderen, die unordentlichen Alleinleber, was ist mit denen?

Sie stolpern unvorbereitet in den Tag hinein, oft ist es ein Wunder, daß sie ihn unbeschädigt überleben. Sie vergessen, unterlassen, verwuseln und bringen durcheinander. Das fängt mit den Klamotten an, setzt sich über Verabredungen fort und endet beim Geldautomaten, dem zwar die Codenummer richtig eingegeben wird, der ausgeworfene Betrag aber unangetastet stecken bleibt. Vorsicht, das hat nichts mit sozialem Verhalten zu tun.

Sie kleckern, verschütten, bleiben hängen, vergessen und sagen »Tag, Frau Pipenbrink«, obwohl die Person »Kettelhut« heißt. Die nagen mit gleicher Unfröhlichkeit an Nägeln wie an Stullen. Ihnen fährt immer etwas vor der Nase weg, und sie kommen immer zu spät zum Job, zum Essen, zum Rendezvous. Sie vergessen sich fortzupflanzen, durchzusetzen, für die Zukunft zu planen. Sie denken nur an heute – und haben dennoch jede Menge Spaß am Leben.

Unterlassen Sie es, Einfluß zu nehmen. Das gibt Ärger.

Es tut sich was
oder:
Ich sehe Land für mich

Wie nun mal die Dinge liegen,
und auch, wenn es uns mißfällt:
Menschen sind wie Eintagsfliegen
an den Fenstern dieser Welt.

Unterschiede sind fast keine,
und was wär auch schon dabei!
Nur: die Fliege hat sechs Beine,
und der Mensch hat höchstens zwei.

Erich Kästner

Zurück nach Berlin, das damals noch viergeteilt war. Die Siegermächte hatten sich das ausgedacht. Am günstigsten war es, im US-Sektor zu wohnen. Auf der Wertungsskala der Berliner folgte dann die britische, die französische und schließlich die russische Enklave. Im russischen Sektor von Berlin hatten die Sowjets plakatiert: »Die Erfahrungen der Geschichte besagen, daß die Hitler kommen und gehen, aber das deutsche Volk, der deutsche Staat bleibt – gez. Josef Stalin.«

Das klingt so, als hätte das der junge Honnecker vom Russischen ins Deutsche übersetzt.

Was immer man tat, man wurde an diesen Hitler erinnert. Entweder waren es die Umstände oder die grauenvolle Wahrheit über diesen Mann, die langsam hochkamen und dafür sorgten, daß er weiterhin in unserem Bewußtsein blieb.

Filme wurden auch schon wieder gedreht. Die Russen

machten aus der UFA die DEFA und ließen Wolfgang Staudte »Die Mörder sind unter uns« realisieren. Ein aktueller Titel. Staudtes ursprünglicher Plan, den Film im Westen zu drehen, mit Unterstützung des damaligen US-Filmoffiziers und Kollegen Peter van Eyck, den ich als Schauspieler sehr schätzte, scheiterte an Staudtes Vergeßlichkeit. Er hatte in seinem Fragebogen, den damals jeder Deutsche auszufüllen hatte, seine Mitwirkung an jeder Menge NS-Filmprojekte übersehen.

Als man mir das glaubhaft versicherte, habe ich mich doch schon sehr über diesen »Antifaschisten« gewundert. Will Tremper schreibt in seinem Erinnerungsband »Meine wilden Jahre« über Staudte: »Zu seinem fünfundsiebzigsten Geburtstag, als er wochenlang interviewt wurde und das Fernsehen Dutzende seiner Filme ausstrahlte, ließ dieser Staudte sich schon unwidersprochen einen ›Widerstandskämpfer‹ nennen.«

DDR-Nationalpreisträger und Inhaber des Großen Bundesverdienstkreuzes der Bundesrepublik!

Also wissen Sie, nee, also wissen Sie ... ?

Helmut Käutner, absoluter Nazigegner, dem es Reichspropagandaminister Goebbels nicht leichtmachte, drehte in jenen Tagen seinen ersten Nachkriegsfilm »In jenen Tagen«, die Geschichte eines Autos, dem er selbst die Stimme lieh. Die Karre war ein Opel, das Buch war von Käutner und Ernst Schnabel, und Igor Oberberg zauberte, wie schon in Käutners »Unter den Brücken«, phantastische Schwarzweißbilder. Einer meiner Lieblingsfilme!

Unter Käutners behutsamer Regie sollte auch ich später vor der Kamera und auf der Bühne spielen.

Im Juni 1948 wurde die alte Reichsmark von Ludwig Erhards neuer D-Mark abgelöst. Es gab sechzig Mäuse pro Nase. Die alten Lappen waren schlagartig wertlos geworden. Was tun?

Ich mach's kurz: Hans Söhnker, unvergessener Bühnen- und Filmschauspieler, wurde mein Prüfstein. Ich lauerte ihm nach der Vorstellung von Saroyans »Ein Leben lang«

im Schloßparktheater auf. Er hielt mich für einen Autogrammjäger, ich aber wollte ihm vorsprechen. Wenn er mir Talent bescheinigte, sollte die Schauspielerei mein endgültiges Berufsziel sein. Ich hatte Glück, es klappte.

Natürlich trug ich den Romeo vor – mit Berliner Sprachaccessoires.

Söhnker lächelte, beäugte mich, wiegte das Haupt und sagte dann: »Ich unterrichte nicht!«

O Gott, dachte ich und fragte verunsichert: »Heißt das, daß ich ein hoffnungsloser Fall bin...?«

»Du brennst«, sagte er, »weißt du, was das bedeutet...?«

»Nein, Herr Söhnker, keine Ahnung.«

»Daß du gar nichts anderes werden kannst – als Schauspieler.«

»Danke, Herr Söhnker, das genügt mir.«

Marlise Ludwig wurde meine Schauspiellehrerin – für neunzig Mark im Monat, D-Mark. Viel Geld, das ich nicht hatte. »Mein Honorar stotterst du ab, ich vertrau auf dein Talent, klar?«

»Klar.«

»Kann man denn von so einem Beruf leben?« fragte mich Mutter.

»Klar doch«, sagte Vater, »wenn er bekannt genug wird, so wie der Söhnker...«

Dieser Satz erinnerte mich an Onkel Eduard, der Klein-Erna beim Baden im Wannsee geraten hatte: »Du mußt nur weit genug runtergehen, dann kriegst du schon Boden unter die Füße.«

Ich lernte also die Schauspielerei von der Pieke auf. In Marlise Ludwigs Stall war ich der einzige männliche Schüler. So kam es, daß alle Mädchen, welche Rolle auch immer sie einstudierten, mich als Partner hatten. Dieses weite interessante Feld der Möglichkeiten gehörte mir allein. Keine männliche Schauspielschülerkonkurrenz weit und breit. Eine Traumsituaton.

Gelegentlich fetzte mal ein anderer »Dünner«, »Brennender« durch die Ludwig-Räume: Klaus Kinski. Er hatte schon damals so etwas Laszives drauf, das alle Mädchen der Schule schaffte. Erst bohrte er seine Augen in die Mädchenleiber, dann stülpte er seinen umfangreichen »Erdbeermund« wirkungsvoll nach außen und verbreitete »genialisches Künstlergetue«, wie ich es später »philosophisch verbrämt« nur noch von Otto Wilhelm Fischer, dem »Professore für Wundersames«, erlebt habe.

Immer noch blendend aussehend, tüftelt O. W. heute in seinem »Castello dei Pescatori«, oberhalb des Luganer Sees, neue Irrtümer aus. Servus, O. W.!

Kinski, den O. W. sich als königlichen Bruder des Irrsinns in Käutners »Ludwig II.«-Film gewünscht hatte, spielte diese Rolle mit großer Intension und anrührender Überzeugungskraft. Ein bemerkenswertes Kabinettstück seiner internationalen Karriere. Ich erinnere mich einer Lesung, die Kinski im ehemaligen UFA-Luitpold-Palast München als Matinee veranstaltete, mit Versen von Villon, Hesse und Rilke. Das Haus war gerammelt voll, Klaus hatte sich als unberechenbarer Außenseiter und Rebell bereits einen Ruf geschaffen. Man harrte also seines Auftrittes.

Er kam verspätet in Rollkragenpullover, vergammelten Samthosen, Turnschuhen und wilder Mähne. Er wirkte gehetzt, wie auf der Flucht.

Applaus.

Klaus trug vor, leise, noch leiser werdend, preußisch nuschelnd. Man verstand kein Wort, egal ob man vorn oder hinten im Theater saß. Plötzlich rief ein sehr Beflissener in die Monotonie hinein: »Bitte, etwas lauter, Herr Kinski!«

Das hätte er nicht tun sollen. Klaus blickte kurz auf, sandte einen zornigen Wolfsblick aus wütenden, rot unterlaufenen Augen ins Parkett und brüllte, daß die Flügentüren zu beiden Seiten schepperten: »Sperr gefälligst deine dreckigen Ohren auf – du Banause!«

Dann trug er weiter vor, pathetisch, spukend, wirr in der Luft herumfuchtelnd, haareraufend, wunderbar.

Licht aus, Ende, keine Zugabe.

Im Hinausgehen outete er sein Publikum mit »Arschlöcher«, warf sich in den Fond einer Limousine, fletschte die umfangreiche Zunge – und war sicherlich zufrieden mit seiner studierten Performance, die bei ihm immer so herrlich unstudiert wirkte.

In Berlin sang man den »Trizonesien-Song« von Karl Berbuer.

»Mein lieber Freund, mein lieber Freund,
die alten Zeiten sind vorbei,
ob man da lacht, ob man da weint,
die Welt geht weiter, eins, zwei, drei.
Wir sind die Eingeborenen von Trizonesien...«

Und in der Zeitung »Christ und Welt« berichtete man vier Jahre später über die Währungsreform vom 20. Juni 1948 noch ganz im Stil des »Völkischen Beobachters«: »Unterdessen sausten aber schon die Lastwagen mit den Geldkisten unter scharfer Bewachung über die Straßen, flitzten die MP-Patrouillen durch das Land und arbeiteten Beamte in Stadt und Land fieberhaft Tag und Nacht, um sich für die große Schlacht vorzubereiten. Alles war aufgeboten und eingesetzt, die staatlichen und städtischen Beamten und Angestellten, die Beamten der Banken und Sparkassen. Es war eine Mobilmachung aller Kräfte, und die Polizei hatte ihren Großkampftag. Als dann am nächsten Morgen, am 21. Juni, die Ämter und Kassen ihre Türen öffneten und das Volk sich in langen Schlangen an die Schalter drängte, um die neuwertigen, bunten Geldscheine in Empfang zu nehmen, einen grünen, einen blauen, einen grauen und ein paar rote und grüne Zettel – da hatte man das schwere Gefühl, einen der großen Schicksalstage im Leben des Volkes erlebt zu haben, und mit den neuen Scheinen ruhten noch im Zeitenschoße die schwarzen und die heiteren Lose.«

Na, ist das nichts? Ich hab's mir aufgehoben.

Sinatra hatte in jenen Tagen einen Hit in den Top Ten gelandet, eine Langspielplatte mit dem Titel »Christmas Songs by Sinatra«. Sein Film »It happened in Brooklyn« wurde durch die Songs von Sammy Cahn und Jule Styne zum Publikumsrenner. »Newsweek« schrieb: »Sinatra becomes a smoother performer every time out.« Und Juhnke, der Unbekannte von der Spree, bekam sein erstes Theaterengagement in Neustrelitz, den Dr. Trench in G. B. Shaws Komödie »Die Häuser des Herrn Sartorius«.

Neustrelitz in Mecklenburg – Mann Gottes –, das war sie also, die vielzitierte und angeblich so wichtige Provinz, in der man als Schauspieler rigoros ausprobiert und hemmungslos strapaziert wird, ehe man den Feinschliff an einem erstklassigen Haus durch einen subtilen Regisseur erhält. Ich hätte gerne darauf verzichtet.

Ich ertrug meine Bühnenpartnerin und den Musentempel drei Monate. Dann trennten wir uns voneinander, ohne Schaden zu nehmen. Der Intendant, glaube ich, war darüber ganz froh. Von Hanne ganz zu schweigen. Marlise Ludwig nahm mich wieder unter ihre Fittiche, ich lernte weiter auf Kredit.

Desmond Morris sagt:

»Es gibt einhundertdreiundneunzig Arten heute lebender Affen, Tieraffen (wie Meerkatze und Pavian) und Menschenaffen (wie Gorilla, Schimpanse und Orang-Utan). Bei einhundertzweiundneunzig ist der Körper mit Haaren bedeckt; die einzige Ausnahme bildet ein nackter Affe, der sich selbst den Namen ›Homo sapiens‹ gegeben hat. Dieser ebenso ungewöhnliche wie äußerst erfolgreiche Affe verbringt einen Großteil seiner Zeit damit, sich über seine hohen Zielsetzungen den Kopf zu zerbrechen, und eine gleiche Menge Zeit damit, daß er geflissentlich über seine elementaren Antriebe hinwegsieht. Dieser Homo sapiens ist stolz darauf, das größte Hirn unter allen Primaten zu besitzen.«

Na, das ist doch was. Benützen wir es also, lassen wir die netten grauen Gehirnzellen nicht veröden, fordern wir sie, füttern wir sie mit neuen Informationen. Es ist nie zu spät, für keinen von uns »nackten Affen«.

Money, Money, Money…
oder:
So schlecht kann ich nicht sein

Erfolg verbessert den Charakter.

William Somerset Maugham

Und plötzlich verdiente ich sage und schreibe 2500,– Deutsche Mark. Der Mann, der mir den Vertrag hinhielt, wurde später einer der erfolgreichsten deutschen Filmproduzenten: Horst Wendlandt, der mit den Edgar-Wallace- und den Karl-May-Publikumsrennern.

Ein historischer Moment, den ich mit einer Braut und Wolfgang Gruner feierte. Wo? Natürlich im tollsten Bar-Bums von Berlin, dem Etablissement »Queen«, mit befrackten Kellnern und den damaligen In-Typen der Stadt, die alle so taten, als hätten wir den Krieg gewonnen.

Wir konsumierten Winzigkeiten der französischen Cuisine, wobei mir Gruner immer ans Bein trat, wenn ich meinen französischen Akzent überzog und mich auf dem winzigen Goldstühlchen zu weit zurücklehnte, weil ich mich einfach wohl fühlte und mir vorstellte, ich säße mit Jean Gabin und Michèle Morgan am Tisch. Die Rechnung holte mich in die Wirklichkeit zurück. Glauben Sie mir, der Abend war nicht das Gelbe vom Ei.

Apropos – kennen Sie den: Kommt ein Mann in ein Lokal und sagt zum Kellner: »Ick hätte gern drei Eier …«

Lieber nicht.

Ich studierte, sprach da vor und da und hoffte auf ein Theater-Engagement.

Inzwischen war es 1950 geworden, all überall war mächtig was los, mein Vaterland erhob sich langsam aus Schutt und Asche, die Menschen fanden langsam ihr Selbstvertrauen wieder, spuckten in die Hände und schoben gewaltig an.

Einer davon war zum Beispiel Boleslaw Barlog. Er hatte schon am 3. November 1945 im Schloßpark-Theater die Curt-Goetz-Komödie »Hokuspokus« inszeniert, mit Hans Söhnker, Winnie Markus und als Prologsprecherin Hildegard Knef. 1951 wurde er Chef des Schiller-Theaters, das jetzt so ruhmlos geschlossen wurde. Bei Barlog spielte noch die Elite der deutschsprachigen Schauspielerzunft von Gustaf Gründgens bis O. E. Hasse, Ernst Deutsch, Käthe Dorsch, Martin Held, Carl Raddatz, Rudolf Fernau, Bernhard Minetti, Werner Krauß und Tilla Durieux.

Zu Barlog schickte mich Marlise Ludwig.

Ich sprach vor, er wollte mich engagieren, ich pokerte ein bißchen mit Barlogs Angebot – und gab ihm einen Korb.

Ich habe nie bei ihm gespielt – schade.

Hans Albers sagte über Barlog: »Der Kerl kann jeden Text besser als du.« Das war etwas, womit man dem textwackeligen blonden Hans unheimlich imponieren konnte.

Hans Albers war ein Vollblut.

Ich weiß, wovon ich rede, weil ich mit ihm gespielt habe, viele Jahre später.

Rolf Thiele, einer der begabtesten Nachkriegsregisseure, hatte 1957 den Film »Das Mädchen Rosemarie« gedreht, eine Mordgeschichte um das im gleichen Jahr in Frankfurt ermordete Callgirl Rosemarie Nitribitt. Der Film sorgte in Bonner Wirtschaftskreisen und den Zeitungen der Republik für einigen Wirbel, weil angeblich allererste Prominenz bei der hübschen Dame verkehrte. So mancher Herr zitterte in jenen Tagen und hatte schlaflose Nächte. Einer der Moritat-Interpreten, die dem Film einen gesungenen Rahmen gaben, war mein Freund Jo Herbst, inzwischen vielbeschäftigter Schauspieler und Kabarettist geworden. Die Moritatensänger intonierten das Soldatenlied »Wir haben den Kanal, wir haben den Kanal noch lange nicht voll«, während Bundeswehrsoldaten durchs Bild marschierten – ein Thiele-Einfall, der von der Zensur reklamiert wurde. Rolf Thiele erzählte mir, daß er für diesen Eingriff von höchster Stelle recht dankbar war, da nun – man sah nur noch marschierende Stiefel – deutlich wurde, daß man zum Marschieren keinen Kopf nötig hätte.

Thiele also, der damals hoch in der Gunst der deutschen Produzenten und Verleiher stand, inszenierte den Hans-Albers-Film »Der tolle Bomberg«, der »bürgerlich« Gisbert Baron von Romberg hieß und auf Schloß Buldern in Westfalen lebte. Der Münsteraner wurde auch »Der Tolle« genannt, weil seine Scherze und Schnurrpfeifereien unermüdlich auf die falsche Moral der damaligen Gesellschaft abzielten und die Spießer schreckten. Je mehr ihn der Adel haßte, desto schneller wuchs seine Popularität beim Volk. Ein Spätling der Renaissance.

Eine herrliche Figur, eine herrliche Rolle für Hans Albers, der so ganz diesem sattel- und trinkfesten Landedelmann entsprach. Er liebte den »Tollen«, dem er in mancherlei Hinsicht nicht unähnlich war. Albers wie Romberg besaßen Mut, waren risikofreudig, den Damen zugetan und vertrugen einen ganz schönen Stiefel vom schweren Roten und Schampus.

Rolf Thiele, ein gescheiter und witziger Mann, hatte natürlich eine feste Vorstellung von dem Stoff, den er da inszenierte. Wohlvorbereitet kam er jeden Tag an den Drehort, richtete ein, besprach sich mit den Schauspielern und war guten Mutes. Leider ließ er dann später die Zügel et-was schleifen, weil Albers sich tagtäglich einen Spaß daraus machte, seinem relativ jungen Regisseur einen nach dem anderen einzuschenken. Albers selbst hielt kollegial mit, ließ da was reinlaufen und dort und zauberte so das entspannteste Arbeitsklima bei Dreharbeiten, das ich je erlebt habe. Albers und ich, der ich seinen Sohn spielte, blödelten mit Thiele lange über den Charakter des wilden Barons, der anläßlich eines Festessens zu Pferde auf einen Eichtisch sprang und eine kunstvolle Volte ritt.

Thiele: »Er war auch ein Rebell, ein Wohltäter und ein

tüchtiger Geschäftsmann! Mit lausbübischer Torheit geißelte er den Irrsinn der sozialen Güterverteilung, selbstherrlich brachte er neue Auslegungen in die Gesetze ein – mit Genuß betrieb er regelmäßige Notbremsungen auf freier Strecke und erzwang so die für ihn und seine Bauern bequeme Errichtung einer Bahnstation. Den Rausschmiß aus einer Nobelherberge quittierte er mit deren sofortigem Ankauf. Der Kerl verfügte über geschliffene Manieren, verwandte sie aber meistenteils nur dazu, um hochnäsiges Blaublutzeug hinters Licht zu führen. Aber da, wo er ernst genommen werden wollte, wurde er erst ernst genommen.«

Inzwischen zeigte der vierte Cognac, den Albers dem Thiele eingeschenkt hatte, Wirkung. Thiele schaute plötzlich wie ein Auto – und verschwand.

Unser Film zielte in Richtung »Münchhausen«, dem Jubiläumsfilm der alten UFA, der Albers in unerreichbarer Form zeigte.

Leider war das Drehbuch nicht von Erich Kästner. Als dann der Produzent auch noch persönlich den Schnitt beeinflußte, war Thieles Konzept im Eimer.

Schade. Der große Erfolg blieb uns versagt.

Aber mit Albers vor der Kamera gestanden zu haben, das hat mich sehr beeindruckt.

Hans Söhnker, der mit Albers in Käutners »Große Freiheit« gespielt hatte, erzählte gern eine Geschicht[illegible]e viel von Albers' sprichwörtlicher »Beschei[illegible]nnen läßt.

Nachdem die Herren bei den Drehar[illegible] bekommen hatten, verkehrten sie für den [illegible] etwas reserviert miteinander. Zurück in [illegible]eide ausgebombt wurden, trafen sie sich zu[illegible]ion des Films wieder. Albers saß in der Mitta[illegible] an einem Kantinentisch, Söhnker ging zu ihm[illegible]hm die Hand: »Wollen wir uns wieder vertrag[illegible]wir gewissermaßen Brüder im Leid sind ...?«

Albers mürrisch: »Was für Brüder ...?«

Söhnker: »Im Leid, Herr Albers. Ich habe eine Bombe aufs Dach bekommen, Sie haben eine Bombe aufs Dach bekommen . . .«

Albers schüttelte daraufhin den Kopf und stellte mit auf den Tisch niedersausender Faust fest: »Nix da Bombe, für mich haben die feinen Herrn extra eine Luftmine spendiert!«

Mit anderen Worten: Söhnker hatte einen Otto draufbekommen, Albers einen Otto-Otto.

Und Otto hieß bei Albers alles.

Klare Sache.

Mit Hans Söhnker habe ich damals auch in einem Film gespielt. »Wie schön, daß es Dich gibt« hieß die Komödie, von Thomas Engel hübsch inszeniert.

1951 schrieb Heino Gaze Text und Musik zu einer Musiknummer, die im Samba-Polka-Rhythmus getanzt wurde. Ein Ohrwurm. Natürlich hatte wieder Bully Buhlan das Liedchen populär gemacht; Bully, der verkrachte Volkswirtschaftler und abgebrochene Jurastudent. Der Text entsprach durchaus der Situation alleinlebender junger Männer, also auch meiner. Ich hatte zwar bei Tante Elsa ein sturmfreies Etablissement gefunden, mit Heizung und Verpflegung, aber man wollte sich ja verbessern.

Gaze reimte trefflich:

»Hab'n Sie nicht, hab'n Sie nicht,
hab'n Sie nicht 'ne Braut für mich?
Ja, ja, ja,
wir hab'n Verschied'nes da!
Eine, die mir gefällt,
mit 'nem großen Haufen Geld?
Ja, ja, ja,
das hab'n wir alles da.
Sie muß schick sein,
nicht zu dick sein,
mit viel Zaster,
keine Laster,
schön solide,
nicht so müde,
kurz und klein – sie muß ein Engel sein.«

Bereits damals wurde mir eingebleut, daß nur in einem gesunden Körper ein gesunder Geist zu leben vermag. Okay, sagte ich zu mir, betrachtete mich im Spiegel und ging fortan regelmäßig in irgendeinem öffentlichen Hallenbad schwimmen.

Dazu fällt mir eine Geschichte ein …

Badespaß *oder:* Unsere Zukunft liegt auf dem Wasser (Wilhelm II.)

Dusseligkeit kann durch Zackigkeit ersetzt werden.

Preuß. Rekruten-Brevier von 1889

Männerbadeabend. Das Bassin ist mäßig besucht, ein paar reifere Semester ziehen ruhig ihre Bahnen auf Brust und Rücken.

Plötzlich schießt der beholzschuhte Zerberus von Bademeister aus seinem Kommandostand, rennt die Längsseite des Bassins entlang, starrt wie hypnotisiert auf einen ruhig schwimmenden Herrn, der keinerlei Notiz von dem Aufgeregten nimmt. Der Mann hat eine Glatze.

Der Bademeister schreit den Schwimmer an, ohne daß dieser sich angesprochen fühlt:

»Sie da, hören Sie nicht, ich spreche mit Ihnen.«

Keine Reaktion. Er probiert es erneut: »Verdammt noch mal, ich meine Sie, sind Sie schwerhörig?« Keine Reaktion. Der Bademeister durchsucht seine Taschen, wird nicht fündig. Dann steckt er zwei Finger in seinen Mund und pfeift so kraftvoll, daß es anderen Badegästen beinahe das Trommelfell zerreißt. Der Schwimmer bleibt unbeeindruckt.

Noch ein Pfiff – aber keine Reaktion.

»Scheiße«, sagt der Bademeister. Er rennt ans andere Ende, wo der Schwimmer zu wenden hat und dabei dicht an den Beckenrand kommt. Leider schwimmt einer quer, so daß der sanfte Schwimmer vorher rücksichtsvoll wendet.

Der Bademeister reißt sich das Hemd auf. Er fühlt sich seiner Autorität beraubt, sein Barrasgehabe kommt nicht an. Die eher mitleidigen Blicke anderer Badegäste schüren seine Rage.

In seiner Verzweiflung hält er dem Schwimmer eine Rettungsstange vor die Nase, die dieser ergreift. Als er bemerkt, daß der Bademeister ihn an den Beckenrand zu ziehen versucht, macht er Gegenzug. Darauf ist der Ordnungshüter nicht gefaßt, in voller Montur klatscht er ins Wasser und kommt bedrohlich auf den Schwimmer zu.

»Hören Sie schlecht, oder sind Sie taub?« pflaumt er den Schwimmer an. Der Schwimmer lächelt und holt Stöpsel aus den Ohren.

»Entschuldigen Sie«, sagte er freundlich, »ich habe Probleme mit den Ohren, wenn Wasser reinkommt.«

»Kennen Sie die Badeverordnungen?« erkundigt sich der Bademeister.

»Doch, doch: Es ist alles verboten. Was erlaubt ist, ist angeschrieben«, kontert der Schwimmer und lächelt fein.

Der Bademeister ist wütend: »Mit Ihren Spitzfindigkeiten kommen Sie bei mir nicht durch, mein Herr. Und das Grinsen werde ich Ihnen auch noch austreiben.« Der Schwimmer bleibt unbeeindruckt, er erkundigt sich: »Darf ich Sie bitten, mich mit meinem Vergehen vertraut zu machen. Ich bin mir keiner Schuld bewußt.«

»Das ist typisch«, meckert der Unfreundliche.

»Guter Mann, überlegen Sie sich, was Sie da sagen. Mein Humor ist determiniert«, klärt der Schwimmer auf.

Der Bademeister geht darauf nicht ein. »Was haben Sie denn auf dem Kopf«, will er wissen.

Dem Schwimmer ist das peinlich: »Ich weiß sehr wohl, was ich nicht habe – nämlich Haare ...«

»Quatsch«, sagt der andere barsch, »auf die Haare kommt's nicht an ...«

Damit ist der Schwimmer nicht einverstanden: »Also Moment mal, wie können Sie so etwas sagen ...«

»Regen Sie sich ab«, sagt der ruppige Bademeister, »daß Ihnen die Haare fehlen, stört vielleicht Ihre Frau, mir ist das schnuppe. Ich vermisse die vorgeschriebene Bademütze. Laut Badeordnung besteht in dieser Anstalt Bademützenzwang – so sieht's aus!«

»Der Zweck der Bademütze«, wirft der Schwimmer lächelnd ein, »ist doch das Zusammenhalten der Haare. Dadurch soll verhindert werden, daß ausfallende Haare im Wasser verbleiben. Richtig?«

Der Bademeister quittiert: »Richtig!«

Der Schwimmer nickt zustimmend und meint: »Dann kann ich ja weiterschwimmen ...«

Der Bademeister versteht nicht. Verwirrt fragt er: »Wie kommen Sie denn auf die Idee?«

»Guter Mann«, erklärt der geduldige Schwimmer, »ich habe keine Haare, die von einer Mütze gehalten werden müßten – leider!«

Der Bademeister hat inzwischen aus seinem Hemd die Badeordnung herausgefischt und versucht in den nassen Seiten zu blättern. Er wird fündig. »Da steht's«, sagt er triumphierend: »Es besteht absoluter Bademützenzwang für Kinder und Erwachsene, jeder Hautfarbe, jeder Haarmenge und jeder Haartracht. Woher weiß ich denn, ob Sie nicht in Wahrheit Haare haben und die Glatze nur aus modischen Gründen tragen?«

Das schmerzt den Schwimmer. »Ich werde über die Dummheit solcher Verordnungen nachdenken«, verspricht er.

Der Bademeister bietet ein weiteres Beispiel für Sturheit. »Ich habe meine Vorschriften. Gegen das Nachdenken im Wasser mit Mütze besteht kein Einwand. Außerhalb des Bassins ist das Nachdenken auch ohne Bademütze gestattet.«

Der Schwimmer schüttelt den Kopf, ihm reicht's.

Langsam bewegt er sich zur Treppe, taucht zum Ärgernis des Ordnungshüters schnell und kurz unter und schreitet dann gemächlich aus dem Wasser. Was der Bademeister zu sehen bekommt, raubt ihm den Verstand. Der Mann, der dem Wasser entsteigt, ist wie ein Orang-Utan über und über behaart. Jetzt fletscht er dem Bademeister auch noch die Zähne, stößt einen urigen Laut des Wohlbefindens aus und haut sich gegen die »Affenbrust«. Der Bademeister versinkt gurgelnd im Wasser. Der Orang wirft ihm lässig einen Rettungsring zu und geht davon.

Wo waren wir stehengeblieben? *oder:* Unterwegs

Die Sorgfalt, mit der wir Frauen anlügen, ist ein Kompliment für sich.

Vittorio Gassmann

Nun gut, meine Freunde, ich habe Ihnen schon früher einmal aus meinem Leben erzählt. Vieles von dem, was ich damals sagte, ist mir heute nicht mehr wichtig. Ich habe im Verlauf der Jahre nicht nur Gewicht verloren, auch Erinnerungen. Das ist gut so. Ballast abwerfen, nannte das mein Vater, sich auf das Wesentliche und die Wesentlichen reduzieren. Das schafft Platz im Erinnerungsvermögen für neue Eindrücke, die ich nach wie vor leidenschaftlich sammle. Ich bin immer neugierig gewesen – und bin es geblieben.

Ich hatte also meinen ersten Spielfilm absolviert, Mitte 1950, unter der Regie von Altmeister Carl Froelich, der schon mit Henny Porten, Zarah Leander, Heinrich George und Emil Jannings gearbeitet hatte. Der nichtssagende Titel »Drei Mädchen spinnen«. Na ja, ich weiß nicht, ob die Mädchen die einzigen waren, die da gesponnen haben.

Als junger Schauspieler kleidete ich mich nun »standesgemäß«, das heißt nadelstreifig, zweireihig, weißhemdig, krawattiert und braunbeschuht. Ein Hut und ein Staubmantel gehörten noch zur Grundausstattung. Zu erwähnen wäre noch der sogenannte »Suppentellerblick« à la Juhnke, den ich aber zusammen mit dem Haupthaar allmählich verloren habe.

Im Jahr 1951 heiratete Frank Sinatra die wunderbare

Ava Gardner, eine Ehe für nicht sehr lange Zeit, aber immerhin. Er sang »Young At Heart« und den Welterfolg »Three Coins In The Fountain«.

Ich lernte damals Wilfried Seyferth kennen, einen vielbeschäftigten Film- und Theaterschauspieler, Porschefahrer, Feinschmecker und Gentleman.

Der Mann hatte Format – und ich guckte mir einiges von ihm ab.

Er guckte dafür in die Augen meiner Bühnenpartnerin Eva-Ingeborg Scholz, mit der ich nach der Vorstellung in der Volksbühne in den »Kelch« ging, einen In-Laden, in dem man damals verkehrte.

Ich warnte Eva vor Seyferths Blick. Sie lachte.

1953 haben die beiden geheiratet.

1954 kam mein Freund Wilfried Seyferth, im Alter von siebenundvierzig Jahren, bei einem Verkehrsunfall in der Nähe von Frankfurt ums Leben.

Er nannte mich »Junex«, blieb beim »Sie« und lehrte mich praktische Verhaltensweisen. Sein vorgelebter »Unterricht« hatte es in sich. Er wußte alles über Manieren, Konversation, Auf- und Abtreten, Galanterie, Garderobe, Stil und Form in jeder Lebenslage.

Das genau fehlte mir.

Einmal referierte er über ein besonders schwerwiegendes Problem: »Wie macht man sich einem Kellner gegenüber bemerkbar.« Unvergeßlich ist mir die letzte Feinheit dieser Formsache, die mit »Kellner zahlen« und »Herr Ober, ich möchte die Rechnung« nicht zu erreichen ist. Natürlich kann man mit ihr kein Aufsehen erregen, weil sie von höchster Diskretion zeugt. Aber wer will das schon. »In einem erstklassigen Restaurant«, so Seyferth, »schaut man den Kellner nur an, egal ob ins Gesicht oder auf den Rücken, er ist derart sensibel, daß er den Wunsch, den Blick eines Gastes fühlt und kommt.« Ich habe das ausprobiert – und glauben Sie mir, es funktioniert, die lautlose Aufforderung an den Kellner. Ein guter Gast und ein guter Kellner verstehen sich, wie einst Karl May und sein Freund Winnetou, einzig durch Blicke.

Seyferth war ein Genußmensch. Er ließ meine Kehle den Genuß von Alkohol entdecken. Schade, daß er so früh gegangen ist. Wir hatten noch lange nicht alle unsere Porter mit Sekt getrunken.

Cheerio!

Apropos Manieren, da fällt mir eine Geschichte ein.

Ich nenne sie ...

Mahlzeit
oder:
Manierenwandel

Vulgär ist das Benehmen anderer.

Oscar Wilde

Mehrere besetzte Tische in einem gutbürgerlichen Gasthaus. Man ißt und trinkt. Es herrscht die hierzulande übliche Grabesstille.

Ein neuer Gast erscheint, grüßt stumm nach mehreren Seiten, schaut sich um, sucht einen freien Platz. Am Tisch eines lesenden Besuchers ist ein Stuhl frei.

Gast II: »Gestatten?«

Gast I: »Bitte!«

Der neue Gast angelt sich die Speisekarte vom Nebentisch. Sein Visavis schaut nicht auf.

II: »Gestatten?«

I: »Bitte!«

Eine Knödelsuppe für Gast I kommt.

II: »Hm, sieht gut aus. Gesegnete Mahlzeit...«

I: »Wahrscheinlich ist sie wieder versalzen...«

Er schiebt sich einen vollen Löffel hinein, spuckt die Brühe sofort wieder zurück.

II: »Hoppla, Volltreffer!«

I: »Scheißheiß!«

II: »Blasen!«

I: »Bringen Sie mir ein Stück Eis, Herr Ober...«

Das Eis kommt, landet im Suppenteller, der jetzt überläuft, was den Gast nicht stört.

I: »Wär doch gelacht, wenn ich das Luder nicht kalt kriegte...«

Gast II studiert die Karte.

Gast I versucht die Suppeneinlage zu teilen. Es handelt sich um einen Knödel undefinierbarer Art. Leider rutscht der Löffel ab, so daß der Knödel mit Vehemenz aus dem Teller hüpft und sich Gast II nähert. Der fängt ihn geschickt auf, sagt »Hepp!« und wirft ihn Gast I zurück. Der fängt mit Selbstverständlichkeit, gibt das runde Ding zurück in den Teller, schneidet es in kleine Teile und verputzt die Stücke schmatzend.

Dann wischt er sich den Mund mit dem Tischtuch ab und grinst zufrieden. Er schwitzt.

II: »Schwitzen Sie immer beim Essen?«

I: »Immer.«

II: »Warum ziehen Sie dann den Mantel nicht aus?«

I: »Dann schwitze ich ja nicht...«

Der Kellner serviert das Hauptgericht. Die Forelle blau ist perfekt gekocht. Der Ober will filetieren, der Gast verscheucht ihn.

I: »Finger weg von meiner Forelle.«

II: »Sieht gut aus, werd ich wohl auch nehmen!«

Er schaut sich nach dem Ober um.

Inzwischen hat sich Gast I zwei Butterbrote geschmiert und beginnt die Forelle auseinanderzureißen. Kopf nach rechts, Schwanz und Hauptgräte nach links, den Rest zermatscht er mit den Kartoffeln zusammen zu einem Brotaufstrich.

Gast II ist irritiert.

Gast I klappt die mit Fisch-Kartoffelbrei beschmierten Brote zusammen und schüttet die heiße Butter darüber.

II: »Ihre Erfindung?«

I: »Altes Familienrezept.«

II: »Wohl bekomm's!«

Der Kellner wird ungeduldig, weil Gast II noch immer nicht gewählt hat.

Kellner: »Hier wird gegessen und nicht gewartet. Die Küche schließt in zehn Minuten...«

Der Kellner läßt drohend die Serviette in der Luft schnalzen, bevor er sie unter die Achsel klemmt, die nur durch ein vergammeltes Hemd bedeckt ist.

Gast I bröselt die Stulle auseinander, die er nach Hamburger-Verzehrart mit beiden Händen hält. Die Schweinerei auf und um seinen Teller stört ihn nicht. Zwischendurch schüttet er Wein in sich hinein. Dann bleibt ihm die Luft weg, er bekommt einen Hustenanfall und wundert sich, wieso Fisch aus seiner Nase kommt.

Gast II schaut dem Eßdilettanten fasziniert zu. Dergleichen scheint er noch nie gesehen zu haben.

Der Kellner stellt Gast I eine Rieseneisbombe vor die Nase. Die alten Speisereste räumt er ab.

Kellner drohend zu Gast II: »Na, wird's bald?«

Gast I macht sich über die Eisbombe, die aus einem Berg bunter Eiskugeln mit der üblichen Garnierung besteht. Er hebt eine Kugel vor den geöffneten Mund, läßt sie dann blitzartig und ohne jede Vorwarnung in der Öffnung verschwinden.

II: »Darf ich mal eine Frage stellen?«

I: »Geniern Sie sich nicht.«

II: »Was machen Sie beruflich?«

I: »Ich arbeite bei der Sperrmüllbeseitigung. Wo ich angreife, bleibt nichts übrig...«

Schwups, schon ist wieder eine Eiskugel verschwunden.

Gast II versteht, er nickt mit dem Kopf.

II: »Sie müssen ja im Schlund einen richtigen Sog entwickeln. Die Eiskugeln reißt es Ihnen ja förmlich vom Löffel. Faszinierend!«

I: »Kein Problem, wenn Sie für entsprechenden Durchzug sorgen.«

Jetzt übertreibt er, eine Kugel fällt auf den Mantelärmel.

II: »Der Punkt geht an die Kugel!«

Eine Waffel verschwindet in einem Stück im Mund, dann spült er mit der Flüssigkeit im Becher nach, wischt sich den Mund wieder mit der Tischtuchecke ab. Dabei fällt das Gefäß um.

I: »Diese Dinger haben kein Stehvermögen. Ober! Bringen Sie mir ein Glas heiße Milch!«

Ober: »Heiße Milch, der Herr, kommt sofort.«

Er wendet sich an Gast II.

Ober: »Und für Sie gibt's nix mehr. Küche zu, Koch tot, haha!«

II: »Macht nichts, mir ist sowieso der Appetit vergangen.«

Die heiße Milch kommt.

Kellner: »Sie kocht noch!«

Der Gast I nimmt das Gefäß und schüttet den heißen Inhalt in sich hinein.

Gast II blickt entsetzt. Er wartet auf eine Reaktion. Umsonst.

Jetzt kommt ein Apfelstrudel, den sich Gast I mit der Hand einverleibt. Dabei grinst er, fühlt sich offensichtlich ausgesprochen wohl.

Gast II ist völlig geschafft: »Sie haben Glück, ich arbeite im Amt für Öffentliche Ordnung. Kommen Sie doch in den nächsten Tagen einmal bei mir vorbei, ich stelle Ihnen dann einen Erlaubnisschein aus...«

Er gibt ihm seine Bürokarte.

Gast I hält beeindruckt im Schmatzen inne, nimmt einen Zahnstocher, bohrt in den Zähnen, rülpst, hebt eine Pobacke und läßt einen ziehen.

I: »Ich blicke nicht ganz durch – wozu brauch' ich denn einen Erlaubnisschein?«

II: »Damit Sie ungehindert auf die Straße scheißen dürfen – fressen tun Sie ja schon wie ein Schwein!«

Der ausgestellte Mensch *oder:* Manchmal genügt schon ein Blick

Das Leben ist eine einzige Übertreibung.

Georg v. Klinda

Die kleine, ruppige Restaurantgeschichte, die ich Ihnen gerade erzählt habe, lebt von der Übertreibung. Seien Sie aber versichert, daß derlei Happenings tagtäglich vor unseren Augen stattfinden. Wir sind nur zu abwesend, zu abgestumpft, zu unaufmerksam, um sie noch wahrzunehmen. Ich nenne so etwas Straßentheater. Der Handlungsort ist ohne Bedeutung, wichtig ist der Blick für solche Szenen, die ununterbrochen rund um uns herum passieren. Ich kann stundenlang mit Sonnenbrille und Hut in einem Straßencafé sitzen und Leute beobachten. Ich studiere ihre Gesten, ihre Bewegungen, ihren Gesichtsausdruck, ihre Sprechweise, ihre Emotionen und ihre Langeweile. Diese Impressionen helfen mir auch bei der Gestaltung meiner Rollen.

Der Typ eben, den ich in der Restaurant-Geschichte geschildert habe, ist bestimmt jedem von Ihnen schon einmal begegnet, hoffentlich in weniger drastischer Form. Unsere Zeit ist voll rücksichtsloser Rüpel und Querulanten, die ungeniert ihr »Straßentheater« leben – ob uns dabei schlecht wird oder nicht.

Wir Schauspieler haben es da leichter – wir stellen uns auf die Bühne oder vor die Kamera und spielen Menschen, die Autoren für uns erfunden haben. Wir erwecken sie zum Leben, unterhalten, erschrecken, rühren, machen nach-

Katastrophenstärke über der Stadt. Und Penelope hat ein weißes Sommerkleid an. Als der Regen nachgelassen hat, wagt sie sich auf die Straße. Ein Lastwagen fährt an ihr vorbei, mitten durch eine große Pfütze. Er bespritzt sie von oben bis unten.

Ohne sich um sein »Opfer« zu kümmern, setzt der LKW seine Fahrt fort. Penelope kommen vor Wut beinahe die Tränen.

Ulli, eine Lufthansa-Stewardeß, sieht das Häuflein Elend auf der Straße. Die beiden kennen sich. Ulli serviert auf den Transeuropastrecken die kleinen Leckereien, deren Reste Penelope mit ihrer Supergeschirrspülmaschine von den Tellern fegt. Ulli begreift sofort.

»Nimm meinen Spindschlüssel, Penelope, und zieh dir eine von meinen Uniformen an. Mit dem versauten Fummel kannst du ja nicht rumlaufen. Häng mir das Ding morgen wieder in den Kasten – ciao!«

Penelope akzeptiert dankbar.

Wenig später tritt sie als Lufthansa-Stewardeß auf die Straße. Recht wohl fühlt sie sich nicht in der ungewohnten Aufmachung. Nur nicht von Kollegen gesehen werden, denkt sie, überquert die Straße, läuft über einen Parkplatz zum Busstop.

Ein dunkler Rolls-Royce rollt an ihr vorbei, verlangsamt die Fahrt, stoppt und setzt zurück. Die Fondtür öffnet sich, ein junger Mann steigt aus, verneigt sich und lächelt.

»Guten Abend, darf ich Sie mit in die Stadt nehmen? Ich glaube, ich bin schon einmal mit Ihnen geflogen?«

»Das glaube ich nicht«, lacht Penelope, »aber wenn Sie mich ein Stück mitnehmen... Es sieht so aus, als ob es gleich wieder schütten würde.«

»Gern – sind Sie Italienerin?«

»Nein, Griechin.«

Der chauffeurgesteuerte Wagen setzt sich in Bewegung. Penelope ist beeindruckt. Der smarte Gent offeriert ihr einen Drink aus der Autobar. Penelope nimmt zögernd an. Sofort spürt sie den Alkohol.

»Machen Sie mir die Freude, mit mir zu Abend zu essen?«

»Ich weiß nicht«, flüstert sie unsicher, »ich weiß nicht, ob das geht.«

Ein bezauberndes Restaurant in der City. Alles, was Penelope sonst hinter der dicken Glasscheibe von emsigen Lufthansa-Kochhänden zubereitet sieht, wird jetzt ihr serviert.

Stefan, der sympathische »Weltmann«, erzählt von seinen zahlreichen Reisen, die ihn ständig um die ganze Welt führen. Er versteht es, sich ins Bild zu setzen.

Da er Penelope für eine Stewardeß hält, nimmt er an, daß sie wie er alle Details heutiger Flugreisen kennt. Penelope balanciert während der Unterhaltung über manchem Abgrund. Wenn sie »abzustürzen« droht, versucht sie sich in einen Scherz zu retten, dessen Pointe ihr Geheimnis bleibt.

Auch sonst steckt ihre Plauderei voller Merkwürdigkeiten: Wenn Stefan beispielsweise ihre gesunde Gesichtsfarbe bewundert und als Ursache einen der weißen Badestrände des Pazifiks vermutet, weiß Penelope nur vielsagend zu lächelnd. In Wahrheit hat sie ihren frischen Teint vom Dampfüberdruckventil der Geschirrspülstraße, das ihr voll ins Gesicht bläst. Und wenn Stefan ihre gepflegten Hände streichelt, verschweigt sie, daß der ständige Umgang mit entspanntem Wasser auch die Haut entspannt und geschmeidig macht.

Als die Rede aber auf die Verköstigung der Passagiere kommt, ist sie unschlagbar. Darüber weiß sie alles. Er ist vor Bewunderung sprachlos.

Später tanzen sie in einer Disco zu einer Frank-Sinatra-Nummer. Sie kommen sich nahe, schauen sich in die Augen und wissen, was es geschlagen hat.

Penelope träumt. Für sie ist das wie ein Märchen. Als sie erwacht, liegt sie in Stefans Armen. Lange betrachtet sie den Schlafenden, fährt mit dem Zeigefinger eine Goldkette entlang, die auf seinem nackten Oberkörper liegt, an der ein Medaillon befestigt ist. Vorsichtig öffnet sie es und

»Willkommen im Club« – mit Ephraim Kishon (1985) ...

... und mit Wencke Myhre und Gilbert Becaud.

Mit meinem alten Freund, Mentor und Wegweiser Will Quadflieg.
(In einer TV-Szene von Helmut Qualtinger)

»Willkommen im Club« – mit Engelbert Humperdink, einer Sängerin aus Israel und Dagmar Koller, Frau des Wiener Bürgermeisters Dr. Zilk.

»You Make Me Feel So Young ...« (»Der Entertainer«, Renaissance-Theater Berlin, 1987)

»Noch ein Wort, und ich geh' zu meiner Mutter ...« (»Plaza Suite«, Theater am Kurfürstendamm, 1986)

»Willkommen im Club« – mit Audrey Landers ...

... und mit Kollegen und dem einmaligen Johannes Heesters.

»Das hält man doch im Kopf nicht aus ...« (Theater am Kurfürstendamm, mit Chariklia Baxevanos und Harry Wüstenhagen)

»Schultz! Haben Sie schon die neuen Lotto-Zahlen?« (TV-Serie »Juhnkes Schauspielführer«, 1990)

»Bist du sicher, daß wir auf der richtigen Straße sind?« (Aus dem Fernsehfilm »Das Double«)

»Man müßte noch mal zwanzig sein ...« (TV-Serie »Glückliche Reise«, 1993, mit Corina v. Borsody)

»Hamburger Idylle mit Götz George, mir und ein Stück vom Michel.« (Kinoerfolg »Schtonk«, 1992)

»Großzügigkeit ist das halbe Leben.« (»Der Geizige«, Renaissance-Theater Berlin, 1990)

»Ich bin ja heut so glücklich, so glücklich, so glücklich ...« (»Schon wieder Sonntag«, Renaissance-Theater Berlin, 1989)

»Reg' dich nicht auf, die Perücke hat schon Zarah Leander getragen.« (»Hallo Sisters«, Spielfilm mit Gisela May, 1993)

schaut in das Gesicht einer jungen Frau. Behutsam schließt sie es.

Er wird wach.

»Was ist mit dir, Penelope? Kannst du nicht schlafen?«

»Doch, doch«, haucht sie, »ich schlafe ja.«

Am nächsten Morgen bringt er Penelope mit dem Taxi zum Flughafen. Sie verabreden sich zu einem Rendezvous »irgendwann über den Wolken«.

»Warum willst du mich wiedersehen?« fragt sie. »Du hast doch eine Frau!«

»Wie kommst du denn darauf?«

Penelope deutet auf sein Medaillon. »Oder ist die hübsche Person deine Mama?«

»Meine Frau ist tot.«

»Entschuldige ...«

Stefan sieht sie nachdenklich an.

»Bist du jetzt böse?« fragt Penelope.

»Aber nein, ich liebe dich doch.«

Sie umarmen einander.

»Ich dich auch«, sagt sie.

Schnell verläßt sie das Taxi, verschwindet hinter der Drehtür des Personaleingangs.

Stefan nickt zum Fahrer, das Taxi fährt weiter.

Penelope zieht die Uniform aus, schlüpft in ihren weißblauen Arbeitskittel und eilt in den Arbeitsraum. Melina ist schon da. Der übliche Trott beginnt.

Penelope wirkt abwesend. Melina beginnt mit ihrem Spezial-Ratespiel, mit dem Speisen-Quiz aus Essensresten. Aber Penelope ist nicht bei der Sache. Es fällt ihr schwer, sich aus ihrer Erinnerung zu lösen. Als Melina »getrüffelte Gänseleber!« ruft, antwortete Penelope in Gedanken: »Nein, danke, ich möchte nichts mehr.«

Melina fixiert ihre Arbeitskollegin irritiert. Sie verfolgt Penelopes Blick, der durch das Oberlicht der Abwaschkammer direkt zum Himmel hinaufgeht, wo gerade ein Jumbo in den Wolken verschwindet.

Sie lächelt.

»Was ist los mit dir?«

»Ich habe geträumt, Melina. Es war wunderschön.«

Plötzlich erschrickt sie.

»Mein Gott, ich hab' was vergessen!«

Sie rennt mit der Stewardeß-Uniform zu Ullis Garderobe.

»Bist du gut nach Hause gekommen?« fragt Ulli.

Penelope schweigt.

»He, was ist denn?«

»Ulli, ich hab mich verliebt.«

»Toll! Kenn ich ihn?«

»Soviel wie der fliegt, mußt du ihm schon begegnet sein. Heute, zum Beispiel, fliegt er nach New York.« Der Zufall will es so, daß Ulli dieser Maschine als Touristenklasse-Stewardeß zugeteilt ist. Stefan ist ihr Passagier. Man kennt einander, nennt sich beim Vornamen.

Stefan erzählt ihr von Penelope, ist begeistert von ihr, kommt richtig ins Schwärmen.

Ulli pflichtet ihm bei, schließlich ist sie mit Penelope befreundet.

»Wir waren gestern ganz toll aus, ich hab' ein bißchen angegeben, der Chef hat mir den Wagen gegeben, mit Chauffeur und so. Ich hab' meine letzten Spesen durchgebracht.«

»Haben Sie Penelope denn verraten, daß Sie Kurier sind und schnelle Top-Akten hin- und herfliegen?«

»Bin ich bescheuert? Ich hab' meinen Chef gespielt – gar nicht mal so übel, glaube ich, ich bin voll auf Ihre Freundin abgefahren...«

»Sie fahren ziemlich häufig auf jemand ab, stimmt's?«

»Ach wissen Sie, wenn man soviel unterwegs ist, was soll ich denn machen?«

»Wie wär's zur Abwechslung mal mit einer festen Freundin, hm?«

»Ich war verheiratet, Ulli – das hängt mir noch nach...«

Ulli serviert Kaffee. Stefan verrührt nachdenklich ein Stück Zucker.

»Penelope würde mir schon gefallen. Aber die läßt mich doch glatt stehen, wenn sie meinen Job erfährt, mit kleinem

Gehalt, ohne Rolls und Chauffeur. Ich kenn' doch die Bräute. Die schwirren in der ersten Klasse herum, betüteln diese Wallstreet-Typen in ihren 3000-Dollar-Anzügen, bis einer anbeißt. Dann macht das Mädel die Falle zu und zieht in das Penthouse von dem Herrn, um möglichst rasch seine Witwe zu werden und zu erben.«

»Für so eine halten Sie Penelope?« fragt Ulli.

»Ich weiß es nicht. Jedenfalls ist sie verwöhnt, das spürt man sofort. Sie ist sehr gepflegt. Ein Kenner sieht das. Die Kleine schluckt den teuersten Champagner wie 'ne Cola aus der Dose. Das Mädchen hat große, internationale Klasse, ein Juwel, was soll ich mit der. Ein One-Night-Stand, okay, just fun, aber das war's dann auch. Ciao, mein Kleiner, sei nicht traurig... nein danke.«

»Habt ihr euch verabredet?«

»Wozu? Irgendwann werden wir uns schon wiedersehen... zufällig.«

Ulli schaut Stefan prüfend an.

»Sind Sie denn in Penelope verliebt?«

»Na klar, sieht doch ein Blinder.«

»Wo verbringen Sie denn Ihren nächsten Urlaub?«

»Wie immer, auf Sylt. Warum?«

»Vielleicht sollten Sie mal in den Süden fliegen.«

Drei Wochen später.

Penelope verabschiedet sich von Melina und eilt zur Abfertigung ihrer Urlaubsmaschine nach Athen.

Stefan, salopp in Jeans und Hemd, trifft mit Ulli in seinem alten VW-Cabriolet auf dem Flughafenparkplatz ein.

»Alles okay?« fragt Ulli.

»Na klar!« lacht Stefan zurück. »Und vielen Dank für die wertvolle Recherche. Ich werde mich revanchieren.« Er springt aus dem Wagen und rennt zur Abfertigungshalle.

»Ich drück' die Daumen«, ruft Ulli hinterher.

Stefan hält plötzlich inne, läuft zurück, wirft Ulli die Wagenschlüssel zu.

»Hier, die Schlüssel – vergessen Sie nicht, das Verdeck zu schließen, der Kleine ist ein Cabriolet!«

»Was Sie nicht sagen!« lacht Ulli und fängt den Schlüssel.

Stefan ist der letzte, der für diesen Flug abgefertigt wird. Penelope sitzt längst auf ihrem Platz. Noch weiß sie nicht, wer den leeren Sitz neben ihr gebucht hat. Gedankenverloren blättert sie in einem Journal.

Als sich jemand leise neben sie setzt und eine Hälfte des Anschnallgurtes in ihre Gurtbefestigung einsteckt, wendet sie sich überrascht dem Nachbarn zu.

»Stefan! Das ist aber eine Überraschung! Was hast du denn in Griechenland zu tun?«

»Hm, was wohl?« Stefan lächelt vielsagend.

»Nun, sag schon!«

»Also gut, wenn du's unbedingt wissen willst: Ich bin in Familienangelegenheiten unterwegs. Ich muß mit den Eltern eines jungen Mädchens sprechen, muß sie von meinen ehrlichen Absichten überzeugen, muß ihnen sagen, daß ich gut verdiene und einen ausbaufähigen Job habe, der es mir erlaubt, ihre Tochter zu heiraten.«

»Sprichst du von mir?« erkundigte sich Penelope.

»Natürlich, von wem denn sonst.«

»Und warum fragst du nicht erst einmal mich? Vielleicht will ich dich gar nicht?«

»Das brauche ich nicht, weil deine Eltern mich sowieso auslachen werden. Ich – und ein Mädchen aus deinen Verhältnissen. Das erlauben die nie...«

»Wer weiß«, sagt Penelope und legt den Kopf an seine Schulter.

»Mein Vater ist Fischer, Stefan. Wir sind zu Hause siebzehn Mädchen! Er ist froh, wenn er eine von uns los wird und...«

»Und?«

»...glücklich weiß.«

Umarmung, Anschnallung.

»Nun gut«, sagt Stefan mit weltmännischem Zungenschlag. »Dann ist das ja erledigt.«

Und der Stewardeß ruft er in eben dieser Manier zu: »Ach bitte, Fräulein, sagen Sie doch dem Captain Bescheid: Wir können jetzt.«

»Jawohl, Sir«, weiß die Stewardeß den Spaß zu erwidern. »Ich werde dem Captain Ihre Startfreigabe mitteilen.«

Alle drei lachen, und noch ein paar andere.

Ich hab' dich und du hast mich *oder:* Seriöse Anwandlungen

Wenn ich spiele, lasse ich meinen corpus in der Garderobe, wie die Moslems ihre Schuhe vor der Moschee.

Harald Juhnke

Wie ging's weiter?

Ganz einfach. Ich sprang also tatsächlich für meinen damaligen Lieblingsschauspieler Victor de Kowa ein, hatte den Text in Weltrekordzeit gelernt und stand am Abend als Benedict, Landedelmann aus Padua, mit Bart und gestrichenen Hosen auf der Bühne. Die Leute wollten de Kowa sehen, nun sahen sie Juhnke. Der Titel des Stückes kreiselte in meinem Kopf: »Viel Lärm um nichts«. Wenn das kein Omen ist?

Es war eins – ein gutes. Die Gage stieg, die Kritiker ließen mich leben.

Unvergessen ist mir ein Vorsprechen bei de Kowa. Ich trug den Peter Peter aus Curt Goetz' herrlicher Komödie »Ingeborg« vor, ein Stück, das der Meister für sich und seine Frau Valerie von Martens geschrieben hatte.

Vor lauter Verehrung für de Kowa rutschte ich unversehens in seine Sprache, die relativ leicht nachzumachen war, weil er eine sehr persönliche Betonung liebte und mit seinem Organ richtige Berg-und-Talfahrten veranstaltete. »Junger Freund«, sagte er nach dem Vorsprechen, »das war gar nicht schlecht, aber Sie sollten doch versuchen, Ihren eigenen Ton zu finden.«

Wenn ich bei den Damen mal einen Zahn zulegte, bremste mich Freund Seyferth. Ihm gefielen die jungen Dinger nicht, mit denen ich so herummachte.

»Ich muß Sie mal mit einer tollen Frau bekanntmachen, einer Dame«, sagte er.

»Warum nicht? Aber vergessen Sie nicht, ich will als Schauspieler Karriere machen, nicht als Lackaffe . . .«

»Dummes Zeug«, sagte Seyferth, »kommen Sie morgen ins Kopenhagen auf dem Ku'damm. Ich stelle Sie Sybil Werden vor.«

Ich kannte den Namen, sie war die Primaballerina der Berliner Staatsoper, eine Tänzerin klassischer Prägung aus der Schule von Tatjana Gsovsky. Mit O. W. Fischer hatte sie auch schon vor der Kamera gestanden. Neugierig und pünktlich kam ich ins Lokal. Ich wollte Seyferth nicht enttäuschen.

Aber dann – mein lieber Jolli!

Ich eilte rasant an den Tisch der beiden, hielt reserviert inne, verbeugte mich, knallte nach preußischer »Juhnke-Art« mit den Absätzen – glauben Sie mir, ich kenn' die Wirkung –, ergriff das mir entgegenschwebende schmale Händchen, führte es dicht an meine Lippen, hauchte einen Kuß darüber, sagte gedehnt »Juhnke«, hauchte noch einmal und smilte nach Cary-Grant-Art dieses »Verdeckte-Ermittler-Lächeln«. Augenblicklich fühlte ich ein Ansteigen meiner Körpertemperatur, wußte, was das bedeutete, und rettete mich vor einem leichten Schwächeanfall durch vollendetes Platznehmen.

Auch Platznehmen will gelernt sein.

Jetzt war Seyferth dran. Aber das störte uns nicht, denn wir sahen und hörten nur noch uns.

Mein Heiratsantrag folgte am nächsten Tag.

Ich bekam keine Zusage, aber auch keine Absage.

Das nervt vielleicht.

Man sah uns oft und überall zusammen, wir machten eine Menge her, die Leute steckten die Köpfe zusammen, die Presse schrieb über uns, die Kollegen grinsten. Sybil drehte einen Film mit Dieter Borsche, ich drehte unter Veit Harlans

Regie mit seiner Frau Kristina Söderbaum die »Blaue Stunde«. Harlan wollte eine Komödie machen, nach einer Novelle seines Vaters. Leider ging unsere gespielte Fröhlichkeit voll am Publikum vorbei.

Sybil hatte mit ihrem Dieter-Borsche-Film von Rolf Hansen mehr Glück.

Mit dreiundzwanzig Jahren heiratete ich meine Sybil. Die Hochzeit war im März – Vater und Mutter hatten nichts dagegen. Das war schon eine Menge.

Um den Seelenzuständen der Figuren seiner Bücher auf die Spur zu kommen, hat Edgar Allan Poe beim Schreiben versucht, den Gesichtsausdruck seiner Charaktere nachzuempfinden.

Das gefällt mir, weil ich auf nicht unähnliche Art und Weise den Figuren in Stücken, Filmen und Fernsehspielen gerecht zu werden versuche.

Das war auch einmal das Thema eines Abends bei Juhnkes, mit Otto Wilhelm Fischer.

Sybil schwärmte für den damaligen deutschen Publikumsliebling, der mit Maria Schell, Ruth Leuwerik und Juliette Greco filmte.

Mir war er nie Kerl genug, Albers war mir lieber.

Ottos selbstgemachte Philosophie, die bis auf den heutigen Tag sein Geheimnis geblieben ist, war mir zu verblasen. Sybil hingegen hing an seinen Lippen, wenn er endlos monologisierte, herumschwafelte oder sich volkstümlerisch wie ein exilierter Monarch aufführte, dem man sein Königreich weggenommen hat.

Also nee, so wollt' ich nie und nimmer sein, auch nicht für meine geliebte Sybil.

Glücklicherweise kam eine Menge schöner Theater- und Filmrollen auf mich zu, ich machte mir allmählich einen Namen und drang ins Bewußtsein von Produzenten, Verleihern, Autoren und Regisseuren vor. Dem Publikum gefiel mein Gesicht und mein Spiel, zuweilen stimmten die Charaktere, und die Leute nahmen mir die Typen ab, die ich da auf der Bühne oder der Leinwand mit Leben erfüllte.

Ich synchronisierte Marlon Brando im Lederjacken-Look des Films »Die Faust im Nacken« – von Sam Spiegel persönlich auserwählt.

Verständigungsschwierigkeiten hatten wir nicht, denn Sam Spiegel war gebürtiger Österreicher. Er erzählte mir von seiner Berliner Zeit in meinem Geburtsjahr 1929, als er für die amerikanische Filmgesellschaft Universal die deutsche Version von »Im Westen nichts Neues« betreute. Am Abend der Uraufführung schenkte Dr. Goebbels und seine SA einer größeren Menge weißer Mäuse die Freiheit, und die kleinen Tierchen verursachten im »Zoo-Palast-Kino« großen Schrecken unter den geladenen Damen und Herren der Berliner Gesellschaft.

Spiegel hat es noch ein paar Jahre in Berlin ausgehalten, bis er 1933 Deutschland in Richtung Österreich verließ. Zusammen mit Otto Preminger, der als Assistent von Max Reinhardt angefangen hatte und in Wien eine glänzende Karriere als Theaterdirektor und Regisseur machte, floh Spiegel vor der »Heimholung« Österreichs ins Deutsche Reich in die Schweiz, später nach Amerika, wo er ja schon vorher tätig war. Als Synchronregisseur des Brando-Films erwies er sich als profunder Kenner der Materie. Er wußte genau, wie die deutsche Brando-Stimme zu klingen hatte, damit der Charakter der Figur rüberkam.

Für mich eine unvergeßliche Begegnung – und Erfahrung.

Ich spielte Theater und drehte Filme unter Erik Odes Regie – dem späteren TV-Kommissar, Rolf Thiele, Axel von Ambesser, Helmut Käutner, Wolfgang Becker u. v. a. m. Dann starb unser kleines Töchterchen Barbara. Sie wurde nur vierzehn Monate alt.

Diesen Verlust hielt unsere dreijährige Ehe nicht aus. Sybil verkroch sich, suchte die Einsamkeit.

Ich war schlagartig allein, mied bekannte Gesichter, tauchte in der Anonymität von Kneipen und Pinten unter, begann zu trinken – Nacht für Nacht, vehement, mit großer Ausdauer.

Tagsüber war ich nüchtern, rollenfest, textsicher und fleißig.

Allmählich wuchsen Sybil und ich wieder zusammen. Der Himmel hatte ein Einsehen mit uns, er schenkte den Juhnkes einen Sohn, den wir Peer nannten.

Größeres Glück hatte ich bis dahin nicht empfunden. Peer Juhnke machte sich um die Ehe seiner Eltern verdient. Harald Juhnke machte einen Film nach dem anderen, spielte Theater – und war nie zu Hause. Typisch.

Neun Jahre später wurden wir geschieden. Peer wurde Sybil zugesprochen, was richtig für den Jungen war. Denn was hätte er von seinem vagabundierenden Schauspieler-Vater schon gehabt? Nischt.

Zwischendurch hab' ich ein mehrmonatiges Gastspiel im Haus II des Gefängnisses Tegel in der Seidelstraße absolviert. Ich hatte eine eigene Zelle und lernte eine Menge interessanter Leute kennen.

Meine tapfere Sybil hatte mich pünktlich abgeliefert, und ich machte mich ans Absitzen von sieben Monaten Gefängnis, wegen Trunkenheit am Steuer, Körperverletzung, Widerstandes gegen die Staatsgewalt und Beleidigung. Bewährungsfrist wurde mir zunächst nicht gewährt, weil ich knapp unter zwei Promille lag. Eine meiner netteren Drohungen, die ich gegen die Polizisten ausgestoßen haben soll, lautete: »Wenn die Russkis erst mal auf den Ku'damm scheißen, wird euch schon noch das dämliche Grinsen vergehen!«

Wer hat damals schon an Kohl und Gorbatschow gedacht? Niemand. So oder so – ich arbeitete in einer Außenstelle der Strafvollzugsabteilung – in einer Gärtnerei in Düppel.

»Hoffentlich sieht dich da keiner«, war Sybils betroffene Reaktion, als ich ihr davon beim Besuchstermin erzählte. Später tauschten wir drei Monate Hafterlaß gegen drei Jahre Bewährungsfrist.

Berlin hatte mich wieder.

Und keiner war mir böse.

Inzwischen war es 1960 geworden.

Günther Schwenn hatte zu Heino Gazes Musik getextet: »Schnaps, das war sein letztes Wort,
dann trugen ihn die Englein fort!« –

Nelson Riddle arrangierte für Frank Sinatra »I've Got A Crush On You« und »When You're Smiling« – und Hans Wölffer schickte mich nach London, um »Irma la Douce« anzuschauen, ein inzwischen weltberühmtes Stück, dessen männliche Hauptrolle – den Pariser Polizisten Nestor Patou – ich übernehmen sollte.

Aber – wer spielt die süße Irma?

Margit Saad war im Gespräch – Violetta Ferrari bekam die Rolle. Harry Meyen sollte inszenieren – Rolf Kutschera aus Wien führte Regie – und landete einen Sensationserfolg.

Ich spielte also mit der Ferrari, später mit Chariklia Baxevanos.

Friedrich Luft, der gefürchtete Berliner Theaterkritiker, hatte unrecht. Er sah wie ich das Stück in London und nahm es ziemlich auseinander. Deshalb traute sich Harry Meyen auch nicht an die Inszenierung ran. Eine verpaßte Chance für den sonst so erfolgreichen Boulevard-Regisseur, der gern mit mir über das Leben und die Monotonie des Alltags nachdachte.

Betrachten wir doch mal so einen Tagesablauf gemeinsam:

Also, wir erwachen, wir fassen Pläne, wir reflektieren unsere Träume, wir stehen auf – auch wenn es noch so schwerfällt.

Wir tun etwas für die Figur, falls wir noch eine haben. Wir treiben Gymnastik.

Wir tun etwas für die Hygiene, zu wenig, wie die Statistik sagt.

Wir nehmen das frühe Stück. Falls der Kühlschrank leer ist, frühstücken wir im Stehcafé vis-à-vis.

Erster Angriff auf den noch schlummernden Magen mit Grapefruitsaft.

Wir tun etwas für die Bildung. Der Vorgang findet in einem öffentlichen Verkehrsmittel statt.

Wir lesen Zeitung.

Wir arbeiten ein paar Stündchen. Dabei rauchen wir, trinken wir, flirten wir, erledigen unsere Privatkorrespondenz, unsere Privatferngespräche mit fernen Menschen, flirten und machen reichlich Gebrauch von der Möglichkeit, nicht am Platz zu sein.

Wir treten aus. Die Gewerkschaft hat uns ein unbegrenztes Recht auf Austreten erstreikt.

Wir denken an unser Vorwärtskommen.

Die Mittagspause.

Wir lassen niemand an uns ran, wir weichen aus. Wer ausweicht, bleibt unter sich.

Wir erholen uns von der Mittagspause. Bis zum Feierabend sind wir wieder bei Kräften. Wir offenbaren uns nicht. Besser verkannt als unbekannt, sagt ein altes Sprichwort.

Wir gehen Einkaufen, falls noch ein Laden offen hat, und beschenken die schlechtriechende Kassiererin mit einem Deospray aus dem Sonderangebot. Falls die Kassedame keine hilfreiche Hand gibt, obwohl wir der einzige Kunde sind und sie sich mit einem Romanheftchen mopst, lassen wir den prall gefüllten Einkaufswagen stehen und entfernen uns mit einem freundlichen Nicken.

Wir besuchen den Anwalt,
Zahnarzt,
Friseur und
Psychiater, der uns Verhaltensregeln für das Leben nach dem Tod verkauft.

Wir besuchen unsere Hausbank, beziehen uns auf die verheißungsvollen Anbiederungsanzeigen in den Tageszeitungen und verhandeln vergeblich über eine ungesicherte Kreditaufstockung.

Wir brauchen den ersten Schnaps. In der Kneipe treffen wir Freunde, fassen wieder Mut und Pläne für den Abend.

Wir erledigen, was anderswie nicht zu erledigen ist. Wir gehen auswärts Essen. Wir verstehen etwas von der internationalen Küche und wissen, wo was am besten schmeckt. Wir haben einen Stamm-Italiener, Stamm-Griechen, Stamm-Chinesen und führen uns dort so auf, als möge uns der Wirt. Wir tun vertraulich und werden dafür belächelt. Qualität und Rechnung bleiben von unserer Sympathie für den Wirt unberührt.

Manchmal beehren wir einen klassischen Feinschmeckertempel, dessen Oberkoch ständig in den Gazetten genannt und dessen Stierhoden süßsauer mit demselben Wortreichtum rezensiert werden wie zum Beispiel eine Klassikeraufführung mit Harald Juhnke im Renaissance-Theater.

Wir machen uns fein und sind in Begleitung. Die klodeckelgroße Menuefolge auf handgeschöpftem Bütten, von zarter Feder schnörkelfrei hingeworfen, ist kaum zu entziffern. Zwei poesievolle Vorschläge geben Rätsel auf.

»Gelee vom Suizid-Schlappohrhasen
auf Springreitersattel.«
»Im Bergwind getrocknete Engadiner Sturmgeflügelhälse
rasiert, auf Pflaumenschaum.«
Korrespondierende Schweine- und Kälbernieren,
entsteint, an Püree Eugenie.«

Oder:

»Promenierende Ferkelfüßchen auf Büffelhoden
mit alpenländischer Humushaube und
gratinierter Stopfmausleber.«

Wir essen und treiben Konversation.

Wir trinken und zittern vor der Rechnung.

Wir stellen die Weichen für später, sagen die Wahrheit, die Unwahrheit oder gar nichts. Wir lassen auch unser Gegenüber zu Wort kommen. Wir entwickeln Phantasie, Charme und bleiben im Rahmen unserer Möglichkeiten. »Vorsicht ist das älteste Kind der Weisheit«, sagt Victor Hugo, und »wer A sagt, muß nicht auch noch B sagen. Schlimm genug, daß er A gesagt hat«, sagt mein Autor Willibald Eser.

Unter diesem Motto bandeln wir an, um oder weiter. Später tun wir etwas für unsere Unterhaltung.

Wir sehen Harald Juhnke im Fernsehen.

Das reicht doch – oder?

Zeit für eine neue Geschichte. Ich nenne sie:

Geschäft ist Geschäft *oder:* Maske muß sein

Harmlose Verrückte altern nicht.

Edward Albee

Wir waren wieder einmal auf Außendreh fürs Fernsehen unterwegs, warteten auf die Sonne. Ich zog alleine los, um Land und Leute kennenzulernen, in der Maske eines alten Zausels, hinter der niemand Juhnke vermutete. Ein Sonntagsmarkt hatte es mir angetan, besonders ein Verkaufsstand für Rauchwaren aller Art. Ich hatte keine Zigarre mit und schaute mich interessiert um.

Der junge Typ hinter dem Verkaufstisch lauerte auf Kundschaft. Ich war sein Opfer.

»Na, Opa, wie wär's denn mit 'ner guten Brasil?« fragte er. »So nach dem Essen, wenn die Gemahlin pennt und Sie den Abwasch gemacht haben. Das wär doch was, das baut auf, nach dem Anschiß, den Sie für Ihr angebranntes Gulasch bekommen haben. Dreißig Minuten Rauchzeit für nur sage und schreibe eine Mark!«

Ich betrachtete die angebotene Zigarre. »Riechen Sie mal an dem Rohr, Opa«, sagte der Standbesitzer, »da ist die Weite Brasiliens drin, die Wildheit seiner Frauen, der Rausch des Karnevals in Rio und der heiße Atem des reißenden Panda-Bären ...«

Ich fragte: »Wie alt ist die Zigarre?«

»Mann, Opa, ich hab' doch glatt die Geburtsurkunde von dem Lümmel verlegt«, sagte der Verkäufer lächelnd. »Im Ernst, mein Bester, die Brasil ist 'ne frisch Importierte, wie alles bei mir, versteht sich. Ich handle nur mit frischer Ware, nicht wie der Pulloverfritze da drüben, der nur Second-Hand-Kram anbietet.« Vis-à-vis befand sich ein anderer Verkaufsstand. Auf dem Tisch türmte sich ein Pulloverberg. Ein Verkäufer war nicht zu sehen.

Ich rollte die Zigarre am Ohr, lauschte, schnupperte. Leider bröstelte sie wie Mürbteig auseinander.

»Das war nur 'ne Attrappe, Opa«, warf er schnell ein, »machen Sie sich nichts draus, stell' ich nicht in Rechnung, so was ist bei mir Kundendienst, claro. Hier, probieren Sie die, die kommt aus Havanna, dem Lande Fidelio Castros. Das Modell hat schon der Dichter von ›Die alte Frau und das Meer‹ gesmokt... Ernesto Hemingway!«

»Riecht gut für ihr Alter«, sagte ich.

»Mann, Opa, Sie sind ein Kenner. Das gefällt mir. Ich mag Menschen, die wissen, was sie wollen.« Ich blieb unbeeindruckt. »Apropos: Panda-Bären gibt es nur in Rußland und in China, und Ernest Hemingways Buch heißt ›Der alte Mann und das Meer‹.«

Der Händler: »Einverstanden, ich geb' Ihnen zehn Prozent Rabatt. Intelligenz muß gefördert werden!«

»Ich nehm' die Havanna«, entschloß ich mich. »Was kostet die?«

»Prezzo speciale, für Sie, Opa, weil Sie so sympathisch sind: zwei Märker.«

»Minus zehn Prozent...«, sagte ich.

»Die sind schon runter. Zweizwanzig ist der Normalpreis. Rauchen oder Einwickeln?« fragte er.

»Ich stecke sie gleich an.«

Ich tat es, zitterte dabei wohl etwas, denn es war Winter und eiskalt. Der Verkäufer bemerkte es.

»Mann, Opa, sind Sie so aufgeregt oder frieren Sie nur?« erkundigte er sich.

»Ich bin zu leicht angezogen. Man weiß ja bei dem Wetter nie, woran man ist«, sagte ich.

»Na, dann krallen Sie sich doch einen dicken Pullover von meinem Visavis. Ich werde mich für Sie stark machen, damit Sie der Gauner nicht übers Ohr haut...«

»Ach, das würden Sie für mich tun«, lockte ich.

Er zog mich über die Straße, ich blieb vor dem Verkaufstisch stehen, der Zigarrenverkäufer bezog Position dahinter und begann in der Ware zu wühlen. Er fummelte ein schrilles Stück heraus, hielt es mir vor die Brust und konstatierte: »Das isser! Paßt wie angegossen. Und für den Preis ist das Prachtstück wie geschenkt.«

Ich spielte mit, schlüpfte in den viel zu großen Pullover. Der Zigarrenverkäufer war hingerissen. »Mann o Mann, das ist der helle Wahnsinn. Der Fummel macht Sie um Jahrzehnte jünger. Ihre Frau wird sich bei dem Anblick die Kleider vom Leib reißen...«

»Gehört der Stand denn auch Ihnen?« fragte ich.

»Claro, Opa, auf einem Bein kann man doch nicht stehen.«

»Wieviel?« erkundigte ich mich.

»Zwanzig Mäuse!«

Ich zahlte, nahm die Havanna wieder auf, steckte sie in den Mund. Ich feuerte die Zigarre, paffte, senkte den Arm, sofort rutschte der Pulloverärmel über die Hand und die Zigarre. Der Pullover begann zu qualmen. »Guter Mann«, sagte ich verzweifelt, »sehen Sie sich das an. Die Ärmel sind viel zu lang. Wie soll ich da meine Havanna rauchen?«

»Am besten überhaupt nicht«, sagte der Kerl cool. »Rauchen ist ungesund – weiß doch heute jeder. Und in Ihrem Alter schon gleich gar. Trinken Sie lieber einen Brandy. Kommen Sie, Herr Juhnke. Ich lade Sie ein, die Schnapsbude da vorn gehört auch mir.«

Soviel über »Maske«.

Krieg und Frieden *oder:* Die Rot-Kreuz-Spende

Frauen sind das Paradies der Augen,
das Fegefeuer des Beutels
und die Hölle der Seele.

Spanisches Sprichwort

Krieg und Frieden gab die Presse als Motto für meine Zeit mit Chariklia Baxevanos aus.

Mit ihr und Wolfgang Lukschy spielte ich die Broadway-Komödie »Wolken sind überall«, unter der Regie von Harry Meyen.

Der Titel paßte auch zu meinem neuen Lebensabschnitt. Ostern 1962 trennte ich mich von Sybil, war frei für Baxi.

Nun mach schon, dachte ich. Aber sie machte nicht. Ich lebte allein – erst einmal.

Sie auch.

Später taten wir uns zusammen, und ich wurde ein weiterer Familienangehöriger der umfangreichen Baxevanos-Truppe, angeführt von Baxis Mutter und Baxis kleiner Tochter Desiree.

Ich fühlte mich wohl.

»Es ist nicht immer der Wind, wenn das Zelt wackelt«, pflegte mein Vater zu sagen.

Es wackelte ganz schön.

In Hamburg spielte ich eine meiner Lieblingsrollen, den »Liliom« mit Ingrid Andree als Partnerin.

Professor Kurt Raeck hatte mich ans Thalia-Theater geholt, das später Boy Goberts erfolgreiches Haus wurde.

Man tuschelte, sprach mit vorgehaltener Hand und verstummte, wenn ich in Erscheinung trat. Was lief da? Baxi spielte in Berlin mit Harry Meyen. Einer klärte mich auf: Baxi und mein Freund Harry bandelten angeblich auch privat an.

Das mir! Nee!

Ich flog nach Berlin, versuchte Baxi an ihrem Auftritt zu hindern und Harry zu verprügeln.

Beides mißlang.

Daran war die Polizei schuld, die Harry in Notwehr gerufen hatte. Kostete mich übrigens 800 Mark, fürs Rote Kreuz. Schwamm drüber.

Baxi und ich spielten und spielen immer noch erfolgreich Theater zusammen, sind uns von Herzen gut und freuen uns auf jedes Wiedersehen wie Kinder, die ihre Sandkastenblessuren weggesteckt und sich liebbehalten haben.

Das Vorstellungsgespräch
oder:
»Very British«

Erfolg verändert den Menschen nicht.
Er entlarvt ihn.

Max Frisch

Das Vorstellungsgespräch ist ein Fernseh-Sketch, den ich nicht gespielt habe, weil ich schüchtern bin. Er spielt im Milieu des britischen Hochadels.

Ein Mann wird ins Schloß eingelassen und von der coolen Lady Midford-Heath-Heatherwell empfangen.

MANN: Ich komme auf Ihr Inserat, my lady, Sie suchen einen Butler, nicht wahr?

LADY: Well, well ... lassen Sie sich angucken ...

Der Mann dreht sich im Kreis.

LADY: Sie müssen auch am Tisch servieren ...

MANN: No problem, my lady.

LADY: Hm. Sie müssen mit Kniehosen und Strümpfen servieren ...

MANN: No problem, my lady.

LADY: Let me see your legs ...

MANN: My what?

LADY: Ihre Beine ...

MANN: No problem ...

Er tut es.

LADY: Hm. Sometimes wird es nötig sein, schwere Tabletts zu schleppen ...

MANN: No problem, my lady.

LADY: Let me see the muscles of your arms ...

MANN: My what?

LADY: Die Muskeln Ihrer Arme ...
MANN: No ...
Die Lady unterbricht.
LADY: Machen Sie schon ...
Der Mann zeigt seine Muskeln.
LADY: Hm. All right. Ich will es mit Ihnen versuchen. Lassen Sie mich zum Schluß Ihre testimonials prüfen ...
MANN: Jetzt? Hier? Einfach so? Aber wenn jemand kommt?
LADY: No problem ...
Sie dreht sich kurz um, nimmt eine Zigarette. Als ihr Blick wieder auf den Mann fällt, steht er nackt vor ihr. Sie fällt in Ohnmacht. Die Zofe tritt ein.
ZOFE: Lady Midford-Heath-Heatherwell wollte Ihre Zeugnisse prüfen, Sir, nicht Ihre Zeugungsfähigkeit ...

Unglaublich, so was.

Möglichkeiten
oder:
Man muß auch nein sagen können

Ein Scherz verlangt einen Einfall,
der Witz Verstand,
die Satire Geist,
Ironie einen Wagemut.
Doch zum Humor
braucht man sein ganzes Herz.

Curt Goetz

Burkhard Müller-Ullrich hat in der »ZEIT« über Jeffrey Bernard geschrieben, den zuckerkranken, rauchenden und trinkenden Kolumnisten des Londoner »Spectator«, dem man gerade ein Bein abgenommen hat. Auch sein Erinnerungsvermögen scheint reduziert zu sein, denn als er seine Biographie zu verfassen begann, gab er eine Suchanzeige im »New Statesman« auf, worin er Zeitgenossen aufforderte, ihm doch freundlicherweise Auskunft darüber zu geben, was er in den Jahren 1960 und 1974 getrieben habe. Graham Lord hat nun Bernards Biographie herausgebracht, mit dem Titel »Just The One«. Ich weiß natürlich aus Erfahrung, daß es sich bei »Just The One« um den Drink handelt, nach dem Schluckspechten immer zumute ist.

Warum ich Ihnen das erzähle?

Keith Waterhouse, ein englischer Dramatiker, hat ein Stück über diesen amüsanten Zeitgenossen geschrieben, das 1989 unter dem Titel »Jeffrey Bernard is unwell« mit Peter O'Toole seine glänzende Uraufführung in London erlebte.

Natürlich ist das eine phantastische, komische Rolle, ein 120-Minuten-Monolog, der mit dem schon auf dem Boden liegenden, Brandy kippenden O'Toole beginnt und die Leute zu wahren Beifallsstürmen hinriß. Ich bin damals extra nach London geflogen und war schockiert und amüsiert zugleich über die witzigen, oft recht derben Formulierungen, die den Kritiker der »Financial Times« zu dem Statement über Jeffrey Bernard veranlaßten, er sei doch »very probably a shit of the first order«.

Ich habe lange überlegt, ob ich das Stück spielen sollte, habe es dann aber doch gelassen, weil mir klar wurde, daß Bernard eine in London und England bekannte Figur ist, ein Freund von John Osborne, Anthony Powell und Graham Greene, ein Stück britischer Zeitgeschichte also, das in Deutschland null Publikum hat. Wenn dann in Berlin der Vorhang hochgegangen wäre, mit mir auf dem Boden liegend, schluckend, schwadronierend, hätten die Leute gesagt, der Juhnke spielt sich selber. Das wollte ich nicht, um so mehr, als sich bei mir jetzt so eine zweite späte Filmkarriere abzuzeichnen beginnt, angefangen mit »Schtonk« von Dietl, erstmals zusammen mit Christiane Hörbiger. Witzigerweise hat mich Dietl ganz zufällig in einer Vorabendprogrammserie gesehen, die wirklich nicht meine Kragenweite war, zu der ich mich aber überreden ließ, um einem Freund einen Gefallen zu tun.

Dietl saß also irgendwo in einem Hotel vor der Glotze, sah mich dort zufällig und engagierte mich ruckzuck für seine Gaunerkomödie. Ich hatte glücklicherweise Zeit, und dem Film, um den es einigen Wirbel gab, wie schon um die gefälschten Hitler-Tagebücher, die im Mittelpunkt der Handlung standen, wurde ein herausragender Erfolg zuteil.

Mit Christiane Hörbiger stand ich auch im Sommer 1994 wieder für »Alles auf Anfang« vor der Kamera. Ich spielte in diesem Film, unter der Regie von Reinhard Münster, die Rolle des Berliner Filmproduzenten Kuballa, eine schräge Type, die dem Film die Komik verleiht. Als alter Draufgänger mit Berliner Schnauze demonstriere ich typische Berliner Eigenschaften wie Optimismus, Empfindsamkeit und Humor. Meine »Gattin« Christiane Hörbiger ist die Macherin in der Geschichte, die Frau mit der Kohle, die Herrn Kuballas Leben fest im Griff hat. Christiane spielte mondän, extravagant und voll Ironie. Daß sie hemmungslos komisch sein durfte, stand ihr gut zu Gesicht. Ganz fabelhaft kam auch meine zukünftige Regisseuse Katharina Thalbach daher, ein Energiebündel ohnegleichen, selbstbewußt, mit der Absicht, die Welt zu verbessern und sich selbst eine einflußreiche Position darin zu schaffen. Udo Samel, der wunderbare Franz Schubert aus der Fernsehtrilogie von Fritz Lehner, gehörte noch zum Ensemble.

Ein Dialog aus dem Drehbuch.

Juhnke als Produzent zu seiner »Gattin« Christiane Hörbiger:

»Weißt du noch, was ich gesagt habe, als wir über Sansibar in den Wirbelsturm geraten sind?«

Gattin: »›Mit dir will ich alt werden‹, hast du gesagt. Da sah es allerdings so aus, als ob wir höchstens noch drei Minuten zu leben hätten.«

Das englische Alkoholikerstück »Jeffrey Bernard is unwell« ließ ich also sausen. Dafür spiele ich Hans Falladas letztes Theaterstück »Der Trinker«. Da geht es um einen lokalen Schlucker, mit dem ich mich auseinandersetzen kann. Fallada war ein Meister seines Faches, er verstand es, mit Akribie die Sorgen und Nöte, die Probleme und Leiden der kleinen Leute zu schildern. Dabei kann ich helfen.

Fallada hieß eigentlich Dietzen, soll immer zwanzig Jahre älter ausgesehen haben, als er war, trug vornehme Gesichtsblässe und war der Sohn eines Leipziger Reichsgerichtsrats. Als Landwirtschaftseleve von Vaters Gnaden trieb er sich beim gemeinen Volk auf Rügen herum, entdeckte den Wohlgeschmack des köstlichen Kümmelschnapses, woraufhin im fürstlichen Kartoffelkeller immer mehr Erdäpfel fehlten. Die Bauern und Knechte brannten sich damals schon ihren »Eigenbedarf« selbst.

Fallada, der immer zwei offene Ohren und Hände für die Armen hatte, wurde als Kartoffeldieb erwischt und verschwand hinter den feuchten Gefängnismauern der Provinz. »Kleiner Mann – Was nun?« und »Bauern, Bonzen und Bomben« hießen seine ersten Erfolge. Den »Trinker« hat er sich von der Leber geschrieben – ich werde ihn mir von der Leber spielen.

Wie das geht? Lassen Sie sich überraschen.

Ein anderes schönes Projekt hatte man mir zum bevorstehenden »Zuckmayer-Jahr« angeboten – den »Hauptmann von Köpenick«. Eine tolle Rolle, von Käutner glänzend mit Rühmann verfilmt, von Rudolf Platte und anderen erstklassig auf der Bühne gespielt – und jetzt Juhnke? Ich habe lange überlegt und schließlich zugesagt. Katharina Thalbach wird also den »Hauptmann« im Maxim-Gorki-Theater in Berlin inszenieren, 1995 ist Premiere. Natürlich freue ich mich auf die Rolle des Schusters Wilhelm Voigt, einem eher sanften Nachfahren des Michael Kohlhaas, den ich ohne rasselnde Militargloriole, gewissermaßen unmilitant spielen werde, als tragikomische Figur, als Untertan, der sein »liebes« Vaterland mit dessen eigenen Waffen schlägt: der Uniformhörigkeit und dem preußischen Obrigkeitshammer.

Eine andere Aufgabe wird die Neuverfilmung von Carl Zuckmayers »Des Teufels General« sein. Dieser General liegt mir, er war Berliner, ein Draufgänger, Frauenheld, fröhlicher Zecher und ein Pfundskerl obendrein. Zuckmayer hatte ihn in Richtung Hans Albers geschrieben, sagte mir Käutner, der Curd Jürgens für diese Bombenrolle bevorzugte. Daß Curd diese Rolle bekam, verdankte er Helmut Käutner, er boxte ihn gegen den Widerstand von Produktion und Verleih durch.

Ich werde also General Harras sein. Toll.

Carl Zuckmayers Drama, das 1946 in New York uraufgeführt wurde, sehe ich als überzeitliches Zeitstück. Im Mittelpunkt dieses ausgesprochen populär gewordenen

Dramas steht ein General, der mit seiner einmal übernommenen Pflicht und seinem kritischen Gewissen in Konflikt gerät. Dabei ist bemerkenswert, daß alle wesentlichen Charaktere »irgendwie« recht haben, keiner ist nur gut oder nur schlecht.

Als Vorlage für das Stück diente Zuckmayer der Jagdflieger des 1. Weltkrieges General Ernst Udet. Er flog mit Göring in einer Staffel, schaukelte 1933 mit Leni Riefenstahl in dem Arnold-Fanck-Abenteuerfilm »S.O.S. Eisberg« in der Antarktis herum, unterflog Brücken, schnurrte mit seiner »Einmot« zwischen den Türmen der Münchner Frauenkirche hindurch und verkehrte in Berlin ausschließlich im weltberühmten Restaurant »Horcher«.

Was er und viele andere nicht wußten, war die traurige Tatsache, daß zu Hitlers Zeiten bei »Horcher« mitgehorcht wurde – und zwar von der berüchtigten Gestapo. General Harras wurde diese Tatsache zum tödlichen Verhängnis.

In dieser Rolle haben viele großartige Kollegen brilliert, angefangen von O. E. Hasse bis Martin Held, Paul Dahlke und René Deltgen.

Curd Jürgens, den ich sehr mochte, dessen Lebensstil und barocke Gastfreundschaft mir gefielen, den ich als »Liliom« auf der Bühne erlebt habe, war mir für diese Rolle zu schön, zu elegant. Der Harras war mehr so ein Vogel wie der Juhnke, kleiner und fülliger zwar, aber mit meiner dicken Nase, meiner Fastglatze und meinem Durst. Und in 'ner Uniform mit all dem Lametta, unprätentiös – darauf freue ich mich.

Volker Schlöndorff will den Film im alten Ufa-Atelier Babelsberg produzieren. Rundherum soll eine erstklassige Besetzung gefunden werden, wie Käutner sie für seine Filmfassung hatte.

Käutner zu Jürgens (ich zitiere aus dem Jürgens-Buch »... und kein bißchen weise«): »Du brauchst nicht den Haudegen, den General zu spielen. Harras hat seine Seele dem Teufel verschrieben, weil er fliegen will. Das ist der Traum, mit dem er lebt, seit seiner Kindheit ...«

Walter Reisch reimte für Hans Albers, der's auch mit dem Fliegen hatte:

»Flieger, grüß mir die Sonne,
grüß mir die Sterne
und grüß mir den Mond.
Dein Leben,
das ist ein Schweben
durch die Ferne,
die keiner bewohnt!«

Schön, nicht?

Intermezzo

»Das Mitspracherecht des Schauspielers ist der Text«, sagte Regisseur Fritz Kortner, als ein »organisierter« Schauspieler seine Rechte reklamierte.

ESER: Sprechen wir über Zeitgenossen, Kollegen. Will Quadflieg?

JUHNKE: Er könnte mein bester Freund sein, wenn wir Zeit für eine Freundschaft gefunden hätten – von mir aus gesehen. Es gefällt mir, wie er mit dem Theater verbunden ist, nicht nur intellektuell, auch gefühls- und körpermäßig. Wenn er sich aufregt, ist das immer ein Ereignis. Sein leidenschaftlicher Kampf gegen die Tierversuche ist bühnenreif, er ist voll engagiert, ein großartiger Kollege, ein ebensolcher Sprecher. Wenn ich ihn höre, fällt mir immer der Satz ein: Am Anfang war das Wort. Generationen haben ihm zugejubelt, und er ist auch heute noch voll da. Seine Darstellungen des König Lear, des Marquis Posa, sein Hamlet und sein Faust – alles unter Gründgens – sind Meilensteine deutscher Theatergeschichte. Regisseur Jürgen Flimm erzählte mir im Mai 1994, als Quadflieg kurz ins Hospital mußte, daß er dort kaum zu halten war – mit Gewalt zog es ihn auf die Bühne zurück. Spielen ist seine Lieblingsbeschäftigung, da sind wir uns ähnlich. Er schätzt meine Boulevard-Theater-Begabung. Gründgens umschrieb dieses Talent mit »über die Bühne gehen, wie durch die kalte Küche«.

Ich schätze an Quadflieg die Fähigkeit zur großen Geste, ohne lächerlich zu wirken – und seine Vielseitigkeit, wie er sie in dem Fernsehfilm »Der große Bellheim« bewiesen hat, wo er leichtfüßig, stöckchenschwingend, voll Temperament, locker und ganz modern seinen Part absolviert. Ein Abend mit ihm, privat oder im Theater, ist immer ein großer Gewinn. Ich liebe ihn.

ESER: Peter Ustinov.

JUHNKE: Ein grandioser Komödiant und ebensolcher Autor. Ein Kosmopolit, genial, engagiert für die UNICEF-Kinderhilfe, eine »One-Man-Institution« von unübertrefflicher Einmaligkeit. Seine Parodien sind phantastisch, sein »Hundegebell« adelt alle Vierbeiner dieser Rasse. Ich verehre ihn.

ESER: Marcel Reich-Ranicki.

JUHNKE: Ein exzellenter »Showman«, gescheit, belesen, voll Witz und Humor, mit einem Kennerblick für das schöne Geschlecht, ein profunder Literaturkenner, der sich ungern langweilt und deshalb langweilige Bücher verreißt. Literaturpapst paßt zu ihm. Er hat sich ums Bücherlesen in Deutschland und Österreich verdient gemacht. Daß der aus USA importierte Enthüllungsjournalismus hiesiger Prägung, mit dem ich auch schon meine Erfahrungen gemacht habe, den Naziverfolgten und nur knapp dem Tod entronnenen Marcel Reich-Ranicki wie einen Verbrecher zu outen versucht, beschämt mich als Deutschen. Der Mann hat nicht nur große Teile seiner Familie in den Vernichtungslagern der SS verloren, auch er selbst war nach all den Strapazen der Flucht aus dem Ghetto, des Versteckens vor seinen Peinigern in einem derart desolaten Zustand, daß er 1944/45 wohl jeden Job angenommen hätte, um sich und seine Frau durchzubringen. Wissen denn diese vom Neid auf Reich-Ranickis Popularität und Qualität getriebenen Denunzianten nicht, was damals im völlig zerstörten Polen los war? In Warschau ging es nicht viel anders zu als in Berlin, in Dresden und den anderen zerstörten Städten Europas. Es ging ums nackte Überleben, Herrschaften. Es gab eine reelle Chance zu verhungern. Und ich kann mir vorstellen, daß viele verfolgte Leidensgenossen von Reich-Ranicki nicht begreifen konnten, daß die jahrelang währende, lähmende Todesangst plötzlich von ihnen genommen sein sollte und sie ihr Leben wieder selbst in die Hand nehmen konnten. Für mich gehört Marcel Reich-Ranicki in die Reihe der großen Kritiker, die sich mit dem deutschen Wort auseinandergesetzt haben, Männer wie Alfred Kerr, Friedrich Luft, aber auch Alfred Polgar und Kurt Tucholsky. Wenige genug. Passen wir auf, daß er nicht mundtot gemacht wird. Nicht nur der Literaturbetrieb des Landes braucht ihn.

ESER: Hellmuth Karasek.

JUHNKE: Bester Mitstreiter im Literarischen Quartett, extrem fröhlich, lebendig, witzig, traut sich auch, deftig zu werden, wenn's angezeigt ist, was ihm Extraapplaus einbringt. Ein nicht minder begabter Showhase wie Marcel Reich-Ranicki, mit großem Unterhaltungswert. Mit ihm und Reich-Ranicki möchte ich mal einen Sketch spielen. Ich, in der Rolle eines Autors, werde von den beiden Starkritikern niedergemacht. Erst als ich durchblicken lasse, daß ich von den Annäherungsversuchen der Gentlemen bei meiner Geliebten weiß, läßt man mich zu Wort kommen, und ich kann Aufklärung darüber geben, daß das verrissene Buch gar nicht von mir stammt. In der Hitze des Wortgefechtes haben die Kritiker ein Buch auseinandergenommen, dessen Autor von seinem »Glück« überhaupt keine Ahnung hat.

ESER: Ein Autorenschicksal.

JUHNKE: Ein grausames ...

ESER: Marianne Hoppe.

JUHNKE: Ich bewundere und verehre sie. Mir gefällt, wie sie mit der Vergangenheit zurechtkommt, wie sie über

Gründgens spricht, wie sie sich nicht von den Ereignissen des Dritten Reiches reinzuwaschen versucht und zugibt, daß sie als junges Mädchen unaufgeklärt in diese Zeit und ihre Idole hineingewachsen ist, in der Gründgens, ihr Ehemann, ein bedeutender Regisseur, Schauspieler und Intendant von Reichsmarschall Görings Gnaden war. Gründgens konnte vielen gefährdeten Künstlern helfen, er benützte dazu seine Machtposition ohne Furcht vor Repressalien. Ich selbst habe ja erlebt, daß plötzlich nach 1945 alle im Widerstand gewesen sein wollten. Hubsi von Meyerinck und Wilhelm Bendow, zwei, die Goebbels partout im KZ sehen wollte, weil sie nun mal keine Freude am schönen Geschlecht finden konnten, haben einige der schlimmsten Gesinnungslumpen dezent geoutet.

Ja, Sie haben keine Wahl *oder:* Eine nicht absehbare Geschichte

Gesichter sind die Lesebücher des Lebens.

Federico Fellini

Gustav sitzt am Schreibtisch seiner Wohnung, er hat viele Briefe geschrieben, sie liegen adressiert vor ihm, den letzten Umschlag schließt er gerade, legt ihn unbeschriftet zu den anderen.

Er nimmt einen Schluck Bier aus dem vor ihm stehenden Zinnkrug, lehnt sich zurück, klopft in »Alf«-Manier mit den Fingern der rechten Hand auf die Tischplatte, schaut sich um. Der Rundblick ist umsonst, seine Augen bleiben nirgends haften, kehren wieder zum Schreibtisch zurück, zum Zinnkrug. Er leert ihn. Er begibt sich ins Badezimmer, putzt die Zähne, sucht das Schlafzimmer auf, setzt sich auf die Bettkante, schaut auf die Uhr: gleich neun Uhr morgens. Obwohl er alleine ist, hört er die schrille Stimme seiner Frau: »Das ist vielleicht ein Leben mit dir. Konsequent warst du wirklich nur in einem Punkt, nämlich absolut nichts geschaffen zu haben. Ich geh' zu meiner Mutter zurück ...«

Gustav erhebt sich, geht zur Toilette, spült. Er kehrt zum Bett zurück, sinniert weiter, sieht sich vor seinem Bürochef stehen, der ihm eröffnet: »Es tut mir wirklich leid, lieber Stösser, wir rationalisieren, modernisieren, Sie sind kein Computerfachmann, unsere Wege trennen sich, machen Sie's gut, Sie sind ja noch nicht alt, Sie finden schon noch 'nen Job.«

Der Blinde. (»Alpenglühen«, Schloßpark Theater Berlin, 1993)

Der Kaiser. (»Des Kaisers neue Kleider«, Film mit Andréa Ferreol, 1993)

Ein großer Kollege: Bernhard Minetti

»Wie war noch der erste Satz ...? « (»Sonny Boys«, Theater am Kurfürstendamm, 1993)

»Und wenn du dich auf den Kopf stellst, es bleibt dabei: Du kriegst 'nen Weg und ich 'ne Chaussee ...« (»Sonny Boys«, mit Wolfgang Spier)

»Serien gibt's, die sind einfach zum ...« (Privatfoto)

Portrait für eine »Bewerbung« als Vorsitzender des Aufsichtsrates der Deutschen ...

Mit einer Kollegin während der Dreharbeiten zu einem Fernsehfilm.

Meine Familie während eines gemeinsamen Besuches in Wien. Mit Söhnen Peer (links) und Oliver (rechts) und natürlich meiner lieben Frau Susanne.

Urlaub mit meiner Frau Susanne: Vor der Skyline von Miami …

… und auf dem Brae-Fluß in Jamaika (1993).

Gustav holt aus dem Kühlschrank, in dem nur Flaschen, Perlzwiebeln, gefrorene Pizzas und ein Paar neue Turnschuhe lagern, eine Flasche Sekt, nimmt ein Kristallglas. Zurück im Schlafzimmer, öffnet er die Flasche, schenkt das Glas halbvoll. Aus einem kleinen Fläschchen tröpfelt er etwas ins Sektglas, eins, zwei, drei ... In diesem Augenblick beginnt eine Uhr synchron zur Anzahl der Tropfen zu schlagen. Neun Tropfen, neun Uhr. Er lächelt, stellt das Tropfenfläschchen ab. Jetzt ist das Etikett erkennbar, ein Totenkopf weist auf seinen gefährlichen Inhalt hin.

Gustav legt sich aufs Bett zurück, komplett angezogen, im schwarzen Anzug, schwarzen Schuhen, weißem Hemd mit schwarzer Krawatte. Gustav weiß, was Hinterbleibende erwarten. Er liegt eine Weile, greift nach einem kleinen Handspiegel, betrachtet sein Gesicht, streicht über seine Haare. Er ist sympathisch, relativ jung, eigentlich gutaussehend. Er sei ein Frauentyp, hat mal jemand zu ihm gesagt. Aus dem Radio kommen Hinweise auf kilometerlange Staus, Geisterfahrer, auslaufende Gifttank-Brummis, tagelange Wartezeiten an den Grenzen, radioaktive Wolken und geborstene Öltanker vor den Küsten der Ferienoasen. Gustav schaltet ab. Die Stille wird von einer Uhr im Wohnzimmer unterbrochen. Das Luder geht nach. Ganz frech verkündet sie erst jetzt die neunte Morgenstunde. Das gefällt Gustav nicht, er steht auf, geht zur Uhr, stellt sie richtig, kehrt zurück, legt sich nieder, fühlt sich von der Sonne geblendet, steht auf, läßt die Jalousie herunter, legt sich wieder, erhebt sich erneut, geht in die Küche, schreibt einen Zettel »Bitte Eisschrank abtauen«, kehrt ins Bett zurück, kontrolliert seine Haare, lauscht seiner Gedankenstimme, die wiederholt »Du bist ein Frauentyp«. Entspannt greift er nach dem Glas, als er von der Straße herauf fürchterlichen Krach hört. Er erhebt sich widerwillig, geht zum Fenster, sieht, daß ein anderer Verkehrsteilnehmer gewaltsam Kontakt mit seinem Auto aufgenommen hat. Ärgerlich.

Gustav rennt die Treppe hinunter, nimmt sich den Übeltäter vor, stellt seine Personalien fest, läßt sich das Verschulden des anderen bescheinigen, rennt wieder hoch ans Telefon, spricht mit seinem Versicherungsmenschen, informiert ihn vorschriftsmäßig.

Zurück ins Bett, entspannen, der zweite Griff nach dem Glas, er hat es schon in der Hand, als an der Türe Sturm geläutet wird. Gustavs Hand zittert. »Unglaublich«, sagt er empört. In der Tür steht ein freundlich lächelnder Mann, fragt nach Namen und Identität des Wohnungsinhabers und gibt sich als Bevollmächtigter der Staatlichen Lotterie-Verwaltung aus. Gustav hat den Hauptgewinn gemacht, mit Zahlen, die er schon zwanzig Jahre spielt. 1 777 777,77 Deutsche Mark.

Gustav: »Darf ich mich setzen?«

Auf den Schreck bekommt er einen Scheck. Zurück in die Küche. Er nimmt die schriftliche Abtauanweisung vom Küchentisch, wirft sie in den Mülleimer. Dann legt er sich wieder aufs Bett. Das Telefon klingelt, Gustav meldet sich genervt: »Jaaa ...?«

»Hier spricht Rechtsanwalt Flach. Herr Stösser, ich gratuliere Ihnen, mein Guter, Sie haben den Prozeß in der Erbschaftssache Ihrer Frau Mutter gewonnen. Die Bordellkette Ihrer alten Dame gehört jetzt Ihnen, das bedeutet Geld, jede Menge Geld, Sie sind jetzt Unternehmer, gratuliere!«

»Auch das noch«, stöhnt Gustav. »Was soll ich tun?« erkundigt er sich unlustig. »Was unternehmen, der Puff läuft wie geschmiert.«

Gustav kehrt ins Schlafzimmer zurück.

Ein maskierter Mann steht im Zimmer, mit einer Pistole in der Hand. Seelenruhig schraubt er den Schalldämpfer auf.

»Sie kommen wie gerufen«, stellt Gustav erleichtert fest.

»Wie bitte?« fragt der Eindringling.

»Ja, ja, Sie haben richtig gehört«, sagt Gustav. »Ich habe mit dem Leben abgeschlossen, wenngleich seit neun Uhr Dinge passiert sind, die mich veranlassen könnten, meinen Plan noch einmal zu überdenken.«

»Privater und wirtschaftlicher Kummer?« erkundigt sich der Fremde voll Anteilnahme.

»Ja«, sagt Gustav.

»Aber Sie sind doch noch ziemlich jung, Sie haben doch

das Leben noch vor sich«, meint der Einbrecher. »Ich weiß nicht«, sagt Gustav und deutet auf die auf ihn gerichtete Pistole. Nach einer Pause der Verlegenheit fragt der Fremde höflich: »Haben Sie Bargeld im Haus?«

»Nein«, sagt Gustav wahrheitsgemäß, »nur einen Scheck über eine Million und 777 777,77.«

»Ihren Humor scheinen Sie noch nicht verloren zu haben«, stellt der Bargeldlose fest.

»Scheint so«, entgegnet Gustav. Stumm überreicht er den Scheck. Dem Gangster wird ganz anders, er setzt sich aufs Bett, hat Schluckbeschwerden, greift nach dem wartenden Sektglas und kippt es in einem Zug. Gustavs »Nicht doch ...« kommt zu spät. Der Böse fällt nach hinten auf das Bett und rührt sich nicht mehr. Gustav ruft die Rettung, die den Verstorbenen mitnimmt.

Die Polizei glaubt seine Geschichte. Sein Schweigen über den Inhalt des Glases war Notwehr.

Tina, seine Frau, ruft an: »Ich hab' mich blöd benommen, verzeih', du schaffst es schon noch, darf ich zu dir zurückkommen ...?«

»Wie du willst«, sagt Gustav lakonisch.

Plötzlich steht der Briefträger vor ihm mit einem Einschreiben. Sein ehemaliger Arbeitgeber nimmt die Kündigung zurück, bittet ihn, seine frühere Tätigkeit wieder aufzunehmen. Der Computer könne ihm nicht das Wasser reichen.

Gustav holt ein neues Glas, setzt sich in einen Sessel, lehnt sich zurück, streckt sich, starrt an die Decke. Er gießt etwas Sekt ins neue Glas, trinkt, atmet einmal schwer durch, schaltet per TV-Fernbedienung einen Juhnke-Sketch ein, schüttelt den Kopf und fängt gar bitterlich zu weinen an.

Okay – ich geb's ja zu –, nicht alle meine 7 Millionen Sketche waren erste Sahne.

Entertaining *oder:* Was ist das eigentlich?

Was man nicht liebt, kann man nicht machen.

Goethe über seine Arbeit.

Nun gibt es ja Leute, auch Kollegen, die sagen: »Juhnke, hör auf, den Entertainer zu machen.«

Ich weiß gar nicht, was die wollen.

Wenn ich zum Beispiel im Internationalen Congress Center in Berlin auftrete, mit einer Sechs-Mann-Band, zweieinhalb Stunden, mit Songs, Sketchen und einer Pause, dann ist die Bude gerammelt voll – fünf Abende, fünftausend Menschen, ausverkauftes Haus – warum soll ich das nicht machen? Die Leute wollen mich auch in dieser Rolle sehen – also spiel' ich sie.

Zurück in meine Jahre.

Johannes Heesters, im Dezember 1993 feierte er seinen neunzigsten Geburtstag, der Urcharmeur des deutschen Kinos, der Operette und des Musicals, mit dem ich in mancher Fernsehschau vor den Kameras stand, hatte mit einer Theater-Komödie großen Erfolg, die in Berlin von Victor de Kowa gespielt wurde. »Gastspiele« heißt das Stück von Horney & Firner, eine Persiflage auf Meister Herbert von Karajans große Zeit als gefeierter und begehrter Gastspiel- und Reisedirigent. Im Mittelpunkt steht ein Familienmeeting mit den schönen Produkten seiner diversen »Verhältnisse« in den verschiedenen Metropolen der Welt.

Die eine, die Süße, die Feine, die ihren Geburtsort Tokio

auf der Bühne so verführerisch zart hauchte, daß mir die berühmte Berliner Luft weg blieb – sie landete einen Volltreffer in meinem Herzen. Mir wurde kalt und heiß zugleich – Sie kennen das ja.

Glücklicherweise war der Hausherr nach der Vorstellung schon vergeben.

»Ich guck' noch schnell bei den Damen vorbei«, sagte ich, und Victor de Kowa antwortete wie aus der Pistole geschossen: »O Gott!«

Die ganze Meute zog zu Franz Diener, »die« Berliner Schauspieler-Kneipe, von dem bekannten Ex-Boxer gegründet, mit der besten Leberwurst der Welt. Susanne Hsiao ist der Name der Blume aus Tokio, die erst auf sehr persönlichen Zuspruch bereit war, sich der Runde anzuschließen.

Ich war elektrisiert, fasziniert und entflammt. Mein Auftritt bei Diener war Spitze, mein Affe bekam jede Menge Zucker, ich brillierte, führte mich auf – und gewann.

Die zarte Fee aus dem Land der aufgehenden Sonne lächelte das schönste Lächeln meines Lebens. Berlinerin, Mutter Ostpreußin, Vater Chinese – ein Akademiker mit gastronomischen Ambitionen.

Die fünfundzwanzig roten Rosen, die ich Susanne am folgenden Abend vor der Vorstellung überreichen ließ, schmeckten ihrer Kollegin Edith Scholler überhaupt nicht. Die erfahrene Bühnendame wachte wie eine Mutter über Susannchen. »Halt dich mal von dem Kind fern, Harald, die ist viel zu schade für dich ...«

Ich lachte.

Ich hätte Susanne alle Rosen Berlins geschenkt – schon aus Daffke, weil mir das Schollwer-Gequatsche auf den Geist ging.

De Kowa nahm mir Susanne weg, er ging mit »Gastspiele« auf Gastspielreise. Ich stand vor der Premiere von »Liliom«, mit dem berühmten Schaukellied von 1931, das »Hanne« Albers mit Sprechtüte auf dem Rummelplatz der Bühne des Theaters an der Königgrätzer Straße sang – mit bravourösem Erfolg.

Susanne und ich telefonierten, je getrennter wir waren, desto inniger wuchsen wir zusammen.

Ich hatte mit »Liliom« großen Erfolg.

Berlins erste Sahne saß im Parkett. Meine Ex-Frau Sybil war mit Sohn Peer aus München gekommen, was mich besonders freute.

Und Elsa Wagner, damals neunundachtzig, das baltische Kleinod mit dem schnarrenden »R«, riß alle mit. Ihr »Brrravo!« dröhnt mir noch heute in den Ohren. Hubert von Meyerinck, mit ihr lebenslang befreundet, nannte sie ein »Naturereignis von der sanften Art«. Sie fing mit den Standing ovations an.

Dann wurde gefeiert.

Diesmal blieb ich abstinent. Meine letzten negativen Erfahrungen mit Alkohol waren der Grund dafür.

Die offizielle Rede des Bürgermeisters Schütz kam mir unendlich vor. Mittendrin rannte ich weg, rief Susanne an. Sie war gleich dran.

»Wann kommst du?« fragte ich.

»Wie ist es gelaufen?« fragte sie.

»Alles prima«, sagte ich, und »du fehlst mir.«

»Tatsächlich?«

»Tatsächlich! Und damit du es gleich weißt: Ich will mit dir zusammenleben, für immer ...«

Was soll ich Ihnen sagen, daran hat sich bis heute nichts geändert.

Da ich schon immer für klare Verhältnisse und rasche Entscheidungen war, faßte ich einen Entschluß. Nun war ja Baxi schon vorgewarnt, weil wir im gegenseitigen Einverständnis eine Separierung ins Auge gefaßt hatten. Sie war also nicht überrascht, als ich ihr meine Pläne mitteilte. Sie spielte damals in Wien, ich rief sie an, und sie formulierte eine Frage, die ich nie vergessen werde. Man versteht ihren Witz aber nur, wenn man, wie ich, glaubte, meine und Susannes Verliebtheit wäre ausschließlich eine Angelegenheit von lokaler Berliner Bedeutung, die den Wiener Tratsch erst Lichtjahre später erreichen würde.

Einen Pfeifendeckel, wie die Wiener sagen.

Die wohlinformierte Baxevanos also reagierte cool, lachte, verstand meine Aufgeregtheit überhaupt nicht. »Alles wegen dem Chineserl?« fragte sie unbeeindruckt. Und: »Ich werd' mit ihr reden.«

Ich: »Das wirst du nicht!«

Nicht daß ich eine schlechte Meinung von mir hätte, das kann man sich in meinem Beruf gar nicht leisten. Erfolg und Beliebtheit kommen ja nicht von ungefähr. Aber leicht ist es mit mir bestimmt nicht. Ganz sicherlich bin ich kein Traumschwiegersohn, mit dem man am Kamin stehend philosophieren kann, kein sanfter Sentimentaler, der in Tradition macht und von früher schwärmt. Ich will weder bevatert noch bemuttert werden, ich brauche kein Mitleid, keinen Trost, keine Schulung für das Leben und nach dem Tod. Ich hasse es, unglücklich zu sein, und bin peinlich berührt, wenn ich mich dabei erwische. Ich stehe nicht auf weiche Brötchen, weiche Betten und »Weich«-Bilder romantischer Art. Mit Soft-Drinks, Soft-Cars und Soft-Music habe ich nichts im Sinn, ich hasse süßliche Parfums, Kuschelkram, Petit-Four und Schnulzen. Ein klarer Wodka ist mir lieber.

Ich kann auf Versammlungen, Orden, Lärm und Frost verzichten. Ecken und Kanten stören mich nicht, ich mach' sie mir schon rund.

Ich kann schwer böse sein, kann aber laut und ruppig werden, wenn mir jemand was anhängen will.

All diese guten Eigenschaften hab' ich meiner Susanne vor die Füße gelegt, zur Weitergabe an ihre Mutter und ihren Vater.

Im übrigen habe ich rundum Besserung versprochen und Susanne am Gründonnerstag 1971 in Berlin geheiratet.

Ich nenne das Versuch Nummer drei.

Eine Nummer vier wird es nicht geben.

In den heiligen Hallen des Standesamtes erschien ich als »Wiederholungstäter«, mit Trauzeugen.

Zwei Kollegen, die ich besonders liebte, steckten die Köpfe zusammen: Hubsi von Meyerinck und O. E. Hasse. Ihnen hatte es das jungenhafte Aussehen von Susanne besonders angetan. Sie hofften insgeheim, ich wäre auf dem besten Weg, die Fakultät zu wechseln. Die knabenhafte Susanne hielten sie für eine »Übergangsform«.

Irrtum, meine Herren. Mit der Nummer konnte ich nie dienen. Inzwischen sind beide tot, und mit ihnen ist auch eine Menge Spaß gestorben, Spaß von der besonderen Art, der im Kopf anfängt und im Kopf aufhört. Nicht, daß heute nicht mehr gelacht würde, doch doch – aber anders.

Ich wollte ein Mädchen, Susanne schenkte mir einen Sohn. Wir haben ihm den Namen Oliver-Marlon gegeben. Er war ein Wunschkind, und ich war dreiundvierzig. Natürlich hätte ich es gern gesehen, wenn einer meiner Söhne in Papas Fußstapfen getreten wäre. Keine Chance. Peer wurde Arzt, und Oliver ist auf dem Weg zum Manager. Die Jungs sind clever, sehen gut aus, sind gesund und haben Spaß am Leben. Der »Große« praktiziert in einer Münchner Klinik, der »Kleine« studiert Millionär.

»Papa, warum machste denn das, jeden Tag auf der Bühne, vor der Kamera, im Musikstudio, im Flieger, im Hotel oder irgendwo auf Außenaufnahmen, soviel Geld kannste doch damit gar nicht verdienen, daß es sich lohnt ...«, fragt mich Oliver, wirft sich in Schale, steht eine Stunde vorm Spiegel und düst los. »Warte noch ein Weilchen, Papa, dann verdiene ich die große Kohle, und du kannst dich zur Ruhe setzen ...«

Lieb gemeint. Aber das ist genau das, was Papa nicht will.

Ich brauche meine Welt, mein Publikum, meine Lust am Spielen, am Unterhalten, die Kommunikation mit den Menschen, die mich lieben – die ich widerliebe. Ich identifiziere mich täglich und nächtlich mit den Typen, die unten im Parkett oder zu Hause vor dem Bildschirm sitzen, ich schlüpfe in ihr Wesen, ihren Charakter und spiele sie nach, mit ihren guten und schlechten Eigenschaften – weil ich ein Schauspieler bin und immer bleiben möchte, bis sie mich von der Bühne tragen.

Oliver, mein Junge, kapier das doch. Ich habe nie viel Zeit für Dich, weil ich immer beruflich unterwegs sein muß, aber, wie singt Sinatra so schön: »You're Always In My mind.« – Du, Deine Mutter Susanne und Peer. Unser Vater-und-Söhne-Meeting Ende April 1994 in Thomas Gottschalks »Late-Night-Show« hat mir viel Spaß gemacht. Dein Auftritt aus der Kuppel des Filmateliers der Bavaria in München Geiselgasteig war sehr mutig, und ich hatte wirklich keine Ahnung von diesem gelungenen Überraschungsgag. Und daß Peer auch noch im Publikum saß und von unserem etwas zerstreuten Moderator beinahe vergessen worden wäre, wenn Vatern nicht das Adlerauge hätte schweifen lassen, freute mich besonders. Ich bin stolz auf Euch, das dürft Ihr mir glauben.

Nächtliche Begegnung *oder:* Menschliche Rührung

Er war ein Mann,
nehmt alles nur in allem,
ich werde immer seines gleichen sein.

William Shakespeare

Ich weiß nicht mehr, wem diese Geschichte widerfahren ist oder wer sie mir erzählt hat. Ich weiß nur, daß ich sie schon bald dreißig Jahre kenne und sie Ihnen nicht vorenthalten darf.

Sie spielt in einer kleinen Provinzstadt in Deutschland, in idyllischer Umgebung, mit einem Bahnhof, zwei Kirchen, eine für jeden Geschmack, einer Realschule, einem Gymnasium und einem Internat. Das erste Wirtshaus am Platze heißt »Der goldene Hirsch«, ein Name, der auf Wälder, Wild und gastronomische Ambition schließen läßt.

Nun war der Vater eines Internatszöglings, der sehr unter Heimweh litt, wieder einmal zu Besuch bei seinem Junior gewesen und verbrachte den Abend im Hotelrestaurant mit Rehrücken, Burgunder und einer dicken Havanna. Später wurde er an den Stammtisch der lokalen Prominenz gebeten, auf ein paar Viertele und einen Männerschwatz. Der Apotheker, der Pfarrer, der Oberstudiendirektor, der Doktor und der Knopffabrikant fanden schnell ein Thema, von dem der Pfarrer am wenigsten verstand: die holde Weiblichkeit.

Bestimmt hat die Anwesenheit eines besonders gelungenen Exemplars dieser Gattung, das alleine in einer Ecke saß, unnahbar, aber lächelnd, die Inspiration ausgelöst.

Es wurde spät.

Die schöne Unbekannte war längst zu Bett gegangen, als die Männerrunde sich auflöste und der Nachtportier die Türe verschloß.

Rücksichtsvoll, wie der Vater des heimwehkranken Schülers war, verzichtete er auf den lärmenden Fahrstuhl aus der Zeit vor der Erfindung des Fahrstuhls, benützte dafür die knarrende Holzstiege, schlich über rote Kokosläufer zu seinem Zimmer, öffnete behutsam und verschwand darin.

Potzblitz – kaum im Bette, verspürte er ein gar menschliches Regen im Bauch und im Gedärme. Schon im bekannten »Darmol-Nachthemd«, öffnete er seine Zimmertüre einen Spalt, spähte nach der Etagentoilette (Zimmer mit eigenem Bad und WC gab es im »Hirsch« noch nicht) am Ende des Ganges. Doch, was mußte er sehen – das Klofenster über der Türe war hell beleuchtet, das heißt, der Ort seiner Sehnsucht war besetzt.

Unglaublich, dachte er.

Frechheit, sagte er.

Was nun, was tun?

Der so dringend notwendigen Erleichterung war zunächst ein Riegel vorgeschoben – der Aborttürriegel.

Wie Napoleon vor der Schlacht bei Waterloo auf dem Feldherrnhügel hin- und herrannte, so durcheilte der verzweifelte Vater sein Hotelgemach. Es half nichts, das böse Klolicht brannte und brannte unbeirrt und erbarmungslos weiter.

Dann trat er ein, der »Case of Emergency«, der Notfall, vor dem wir alle beim Fliegen zittern. Der wohlbeleibte Vater sprang mit knabenhafter Behendigkeit zum Nachtkästchen, riß das porzellanene Notgefäß heraus und erlöste sich von der Pein.

Aber jetzt!

Sollte er sich am Morgen vom Zimmermädchen mit gerümpfter Nase schief anschauen lassen? Unmöglich. Er faßte einen Entschluß: »Der Topf samt Inhalt muß aus dem Zimmer!«

Und siehe da, als er wieder den Gang entlanglugte, die Beleuchtung des Ortes seiner Sehnsucht war erloschen. Freie Bahn dem Saubermann.

So schritt er denn im Hemde, das Gefäß wie einen Oktoberfest-Maßkrug haltend, seinem späten Ziele zu. Doch, was ist das? Ganz unvermutet tat sich eine Türe auf, und im »Negligé transparent« erschien die Dame aus dem Restaurant. O, o, o – quel Affront ...!

Der Mann von Welt weiß sich aber zu helfen. Kühn und kurzentschlossen griff er zur nächsten Türklinke, drückte sie herunter, stolperte über die Schwelle und warf das volle Nachtgeschirr in ein Zimmer ... ein hoffentlich unbewohntes.

Fehlanzeige.

Jemand tat ein paar Schnarchgeräusche, räusperte sich und fragte: »Ist da jemand?«

Und ob, kann ich nur sagen.

Nun überstürzten sich die Ereignisse. Der nette Geschirrwerfer kehrte in sein Zimmer zurück, kleidete sich an, packte seinen kleinen Koffer, hatte nur noch die sofortige Abreise im Sinn. Insgeheim hat er sicherlich überlegt, ob er seinen Filius von der Anstalt nehmen sollte, denn dieser idyllischen Kleinstadt wollte er nie und nimmer unter die Augen treten.

»Machen Sie mir die Rechnung, Alois«, forschte er den verwunderten Nachtportier an. »Ich habe einen Anruf bekommen, ich muß sofort abreisen ...«

Der schüttelte aber nur den Kopf.

»Sie irren, Herr Oberingenieur: Erstens haben Sie kein Telefon auf dem Zimmer, es gibt nur eins, das steht hier bei mir – und zweitens brauchen Sie jetzt gar nicht zum Bahnhof zu gehen, weil heute nacht kein Zug mehr geht. Der erste fährt um 7.13 Uhr, bis dahin sind noch sechs Stunden, Herr Oberingenieur ...«

»Das macht nichts, ich zahle und gehe ...«

»Bitte, wie Sie möchten, Herr Oberingenieur ...«

»Und lassen Sie den Oberingenieur weg, Alois, ich bin Diplomingenieur ...«

»Selbstverständlich, Herr ...«

Den Titel konnte er nicht mehr aussprechen, da war der Stammgast schon weg.

Es war in der Zeit, als Bahnhofswartesäle noch die ganze Nacht über geöffnet hatten. Da saß er nun, schüttelte immer wieder den Kopf und konnte nicht begreifen, was ihm widerfahren war.

»Wie gut, daß es keine Zeugen gibt«, dachte er und versuchte, ein kleines Nickerchen zu machen. Keine Chance. Denn 15 Minuten später stürmte ein anderer Reisender herein, auch viel zu früh für den Morgenzug, völlig aufgelöst, ohne Krawatte, mit falsch geknöpfter Jacke und offenen Schnürsenkeln.

Der Bahnhofsvorsteher, der Nachtdienst hatte, wunderte sich über die beiden honorigen Herren, denen wohl Wundersames passiert sein mußte, weil sie den ungemütlichen Wartesaal ihrem Hotelbett vorzogen. Man kannte einander ja und durfte sich deshalb auch Gedanken übereinander machen.

»Darf ich Ihnen eine von meinen Beruhigungspillen anbieten?« fragte der Diplomingenieur den nervösen Neuankömmling.

»Ach ja, das wäre sehr nett, ich nehme ja sonst nichts, aber jetzt brauch' ich was, sonst komme ich nicht zur Ruhe.«

Er nahm die Pille, spülte aus einem silbernen Flachmann nach, den der Diplomingenieur aus der Tasche zog.

»Ich habe Sie gestern abend im ›Hirsch‹ gesehen«, sagte der eine.

»Ich Sie auch«, sagte der andere.

»Erstklassiges Haus ...«

»Durchaus, und eine exzellente Küche. Mein Rehrücken Hubertus war deliziös, mit Kapern und Spätzle handgemacht ...«

»Nur schade«, sagte der Nervöse, »daß es im ›Hirsch‹ so unruhig ist. Ich hatte eine Nacht, die wünschte ich noch nicht mal meiner Schwiegermutter, wenn sie noch lebte ...«

»Was war denn?« erkundigte sich der Dipl. Ing., eine stattl. Ersch. – stattliche Erscheinung –, um mit Heinz Erhardt zu sprechen.

»Stellen Sie sich vor, ich liege friedlich schlafend in meinem Bette, nach einem anstrengenden Geschäftsabendessen, da geht plötzlich die Türe auf und eine Nachthemdgestalt wirft mir ein gefülltes Notgefäß ins Zimmer – unglaublich, werden Sie sagen, nicht wahr?«

»Unglaublich!«

»Nicht wahr! Was also sollte ich tun? Erschwerend kommt hinzu, daß ich keinerlei praktische Erfahrung im Umgang mit Nachtgeschirrwerfern vorweisen kann.«

»Eine fatale Situation«, merkte der andere an und reichte den Flachmann.

»Danke«, sagte der Verstörte, »ich nehme gerne noch einen kleinen Schluck.«

Er ließ es laufen, daß es nur so gluckerte. Dann sagte er: »Blieb mir doch nur die Flucht. Stellen Sie sich vor, ich hätte diese Geschichte dem Zimmermädchen erzählt – das hätte mich glatt ausgelacht.«

»Haben Sie denn einen Verdacht, wer das gewesen sein könnte?« forschte der Diplomingenieur.

»Aber nicht den geringsten, den allergeringsten. Persönliche Rache oder so was scheidet völlig aus – meine Verwandtschaft ist definitiv tot, das weiß ich, von da droht also keine Gefahr mehr.«

Dann schwiegen die Herren eine Weile, der Inhalt des stattlichen Flachmanns zeigte Wirkung.

»Sagen Sie, mein Herr«, fing das sich allmählich beruhigende Opfer zu forschen an, »warum sitzen Sie denn zu dieser nächtlichen Stunde hier herum und warten auf den Frühzug? Ihnen hat doch keiner was ins Zimmer geworfen, oder doch ...?«

»Das nicht«, sagte der Diplomingenieur, »aber ich war der Werfer ...«

»Wie bitte???«

»Ich habe Sie mit meinem Topf belästigt. Sagen Sie nichts, ich erklär' es Ihnen. Schuld daran ist ein menschliches

Rühren, eine besetzte Toilette, eine schöne Frau im Negligé und der Burgunder, dessen leicht laxierende Wirkung ja allgemein bekannt ist. Es war ein Notfall, und wir sind ihm beide zum Opfer gefallen. Ich entschuldige mich in aller Form und bitte um Vergebung.«

Was für ein Geständnis, kann ich da nur sagen. Die Herren sollen mit dem Bahnhofsvorsteher noch eine ganze Flasche Cognac gesüffelt haben, den Frühzug versäumt haben und diese nächtliche Begegnung zum Beginn einer wunderbaren, lebenslangen Männerfreundschaft gemacht haben.

Ob die Herren im Morgengrauen den Rudi-Nelson-Schlager

»Ich bin das Nachtgespenst,
dein süßes Nachtgespenst,
ich weck' dich, wenn du pennst ...«

gesungen haben, weiß ich nicht.

Ich jedenfalls mochte mit dem Vers von Friedrich Hollaender diese Geschichte enden lassen.

Wenn ein junger Mann kommt, der weiß, worauf's ankommt ... *oder:* Weiß er, was er tut?

Das ist ein zynischer, wurzelloser Standpunkt, der gefällt mir.

Bert Brecht

Marika Rökk sang die erste Zeile in dem ersten UFA-Farbfilm »Frauen sind doch bessere Diplomaten«.

Das mit den besseren Diplomaten unterschreibe ich sofort.

Die Ladies verfügen da über ein Talent, das uns Männern fehlt. Glauben Sie mir, meine Herren, ich weiß, wovon ich rede.

Nun gut, inzwischen war ich nicht mehr so ganz jung, bekam die ersten grauen Haare – da, wo noch welche waren – und war von der Liebe, vom Leben und der Karriere gebeutelt worden. Ich hatte Familie, ein Haus, ein Auto ohne Führerschein und Pläne. Ich wußte immer ziemlich genau, was ich wollte, und konnte mir früh die Rollen aussuchen. Leider tauchten aus der Versenkung immer wieder zwei alte Freunde von mir auf, die mich Zeit kosteten und Menschen Sorge bereiteten, die mir wohlgesonnen sind. Den einen nenne ich den »Klaren« – er hat viele Nachnamen, den anderen »Champagner«, er stammt aus erstklassigen Lagen, sein Charakter ist von seinem Jahrgang abhängig.

Letztendlich aber, das müssen Sie zugeben, haben weder Sie, mein Publikum, noch ich, Harald Juhnke, den guten Kontakt zueinander verloren und sind trotz der genannten »Freunde« gut über die Runden gekommen. Es ist schon ein Phänomen, daß ich diesen Kredit bei Ihnen habe. Daß die Presse mich immer wieder hart anfaßte, mir Affären unterjubelte, mich ungekämmt und fern der Heimat im Bademantel mit Davidoff und Schampus überfallartig ablichtete, ist mir schnurzpiepegal. Ich war immer gut für eine Schlagzeile, und die Jungs und Mädels haben durch meine Eskapaden ganz schön Auflage gemacht. Sollen sie, miese News sind besser als keine News – das gilt für die wie für mich.

Aber daß Sie, mein Publikum, nicht das Handtuch geworfen haben, nicht gesagt haben »jetzt reicht's«, das finde ich ungeheuerlich. Dafür sage ich Dankeschön.

Mein inzwischen leider verstorbener Professor Kielholz in Zürich, der sich wirklich auskannte, schüttelte immer den Kopf, wenn ich wieder mal lädiert bei ihm auftauchte, eine Vorstellung oder einen Fernsehauftritt hatte platzen lassen und er in der Presse lesen mußte: »Alles Gute und baldige Genesung wünschen die Leser der Bildzeitung ihrem Harald Juhnke!«

Mir kommt es so vor, als lebte ich diesbezüglich in einem Ausnahmezustand. Wenn die Presse einen anderen, zum Beispiel den Rudi Carell, in so einer alkoholisierten Phase erwischt hätte, er wäre gnadenlos geschlachtet worden.

Vielleicht liegt es bei mir daran, daß ich nie Mitleid wollte, nie larmoyant war, nie gejammert habe. Ich erinnere mich einer Situation, die auch durch die Gazetten ging, deren Höhepunkt der Ausfall einer Abendvorstellung in der Komödie im Bayerischen Hof in München war.

Ich hatte es mir an der kleinen Bar neben der Halle gemütlich gemacht, rauchte meine Zigarre, trank Champagner und war guter Dinge.

Da kamen dann die festlich gekleideten Leute hereingeschlendert, nahmen noch einen Drink und freuten sich, den Juhnke schon mal vorab privat begutachten zu können.

»Ach wie schön, daß wir Sie noch vor der Vorstellung sehen, dürfen wir Sie auf ein Glas Schampus einladen ...?«

So ging das weiter, immer mehr Theaterbesucher scharten sich um mich – es war urgemütlich.

Allmählich wurden die Herrschaften unruhig, denn der Beginn der Vorstellung rückte unaufhaltsam näher. »Müssen Sie denn jetzt nicht auf die Bühne, Herr Juhnke?« fragte mich ein netter Herr im Smoking. »Ach, wissen Sie«, sagte ich mit dieser extrem tiefen Stimme, die sich bei Alkoholgenuß schnell einstellt, »ich spiele heute nicht ...«

»Was? Sie spielen heute nicht?«

»Ich spiele heute nicht. Sie können aber bei mir an der Bar bleiben, ist doch viel netter hier im kleinen Kreis als mit den vielen Menschen im Theater.«

Was soll ich Ihnen sagen – es sind doch tatsächlich einige geblieben, und wir hatten viel Spaß.

Gerhard Metzner, der damalige Prinzipal des Theaters, versuchte uns zwar den Abend zu vermiesen, drohte mit Konventionalstrafe, wollte mich zur Kasse bitten und so weiter. Er sah aber dann ein, daß es für das Publikum und für Juhnke besser war, nicht aufzutreten.

»Was um Gottes willen soll ich den Leuten sagen, wir sind ausverkauft, die Stimmung ist enorm«, stöhnte er. Ich sagte: »Geh vor den Vorhang, sag den Leuten, daß Juhnke eine Kreislaufschwäche hat – das wird sie amüsieren, weil viele ja hier schon vorbeigekommen sind und sich davon überzeugen konnten – sag ihnen, daß ich die Vorstellung nachspielen werde oder sie ihr Geld zurückbekommen.«

Gerhard Metzner darauf: »Eigentlich müßte ich dich erschießen ...«

Das ließ er sein, dafür trat er vor den Vorhang und sagte seinen Vers.

Und wissen Sie, was passierte? Dreiviertel meines Publikums behielt die Eintrittskarte und kam wieder!!! Toll!

Zu Grabowsky, einem Theaterproduzenten der ganz ausgeschlafenen Art, hatte mal ein »lieber« Kollege gesagt: »Sie machen wieder mit Juhnke eine Tournee, hundert Vorstellungen, der spielt Ihnen doch höchstens achtzig.«

Darauf antwortete Grabowsky mit Schwyzer Akzent: »Ja, da haben Sie recht, aber – Sie spielen hundertmal, und das Haus ist halbvoll, Juhnke spielt achtzigmal, und das Haus ist ausverkauft. Das reicht mir.« Kluger Mann.

Daß man auf Tourneereisen allerhand erlebt, können Sie sich vorstellen. In den kleinen Städten, in der Provinz zum Beispiel, da interessierte die Leute weder das Stück noch die Inszenierung. Ihnen ging es ausschließlich darum, ob ich alkoholisiert war oder nicht. Manch nette Mutti habe ich sagen hören: »Wie schade, heute war er ja gar nicht besoffen.«

Gott sei Dank bin ich raus aus dieser Nummer, ich vermag Zurückhaltung zu üben, kontrolliere mich und trinke Seen von Mineralwasser mit Genuß und Freude.

Schlimm finde ich diese Typen, die um meine Krankheit wissen, aber offensichtlich nicht begreifen, daß man mich nicht allzusehr mit edlen Getränken locken darf. Auch Dummheit fängt im Kopf an. Das scheint manchem Mediendiener noch nicht klargeworden zu sein. Sei's drum.

Aber man hat ja auch ehrliche Kollegen, Freunde, einer davon ist Peer Schmidt, der wie ein Vater mit mir leiden kann. Vor Jahren sagte er mal zu mir: »Weißt du, Harald, wenn ich am Donnerstag in den Gazetten lese, daß du wieder mal 'ner Flasche auf den Grund gekommen bist und am Samstag eine Life-Sendung im Fernsehen hast, eine Gala vor Publikum, mit internationalen Stars und so, und du kommst raus, siehst überhaupt nicht mitgenommen aus, strahlst wie ein Apfelkuchen – dann sitz' ich vorm Bildschirm, schweißgebadet vor Angst um dich und denke: Jetzt werden sie pfeifen, heute werden sie pfeifen. Und was passiert, sie trampeln mit den Füßen, schreien Haaraald, Haaraald – und sind glücklich, weil sie dich wiederhaben.«

In einem »Spiegel-Gespräch« habe ich gesagt, daß ich natürlich weiterhin Komödien spielen werde, aber nicht mehr der Faxenmacher der Nation sein will. In meinen Jahren überlegt man sich, was man macht – und sagt auch öfter nein. Und daß ich lieber Molière spiele als zum Beispiel Curth Flatow, weshalb der jetzt nicht mehr mit mir spricht, liegt doch auf der Hand. Ich mag gutgebaute Stücke, mit einer klaren Dramaturgie, mit richtig gesetzten Peripetien, Herr Lessing darf grüßen lassen, mit logisch und behutsam erdachten Charakteren und einer klaren Sprache.

»Alpenglühen« von Turrini ist so ein Stück, in dem ich einen blinden Siebzigjährigen spielte.

Meine Frau Susanne sagte nach der Vorstellung zu mir: »Du bist überhaupt nicht zu erkennen, du hast eine andere Stimme, bewegst dich anders, du bist tatsächlich der alte Mann, der sein letztes ›Alpenglühen‹ erlebt.«

Das hat mich gefreut.

Auch über Bernhard Minettis Lob habe ich mich gefreut.

Neulich fragte mich ein bekannter Journalist, so einer mit Sendungsbewußtsein: »Wer sind Sie eigentlich, Herr Juhnke?«

Ich antwortete mit verzweifeltem Gesichtsausdruck und flehendem Blick zum Himmel: »Ich weiß es nicht ...« Darauf er: »Das ist aber traurig.«

So ein Quatschkopf. Ich bin ein Komödiant, was sonst?

Einsichten und Erfahrungen

Der wahre Schauspieler ist von der unbändigen Lust getrieben, sich unaufhörlich in andere Menschen zu verwandeln, um in den anderen am Ende sich selbst zu entdecken.

Max Reinhardt

In der Chronologie meiner »Menschheitsgeschichte« sind wir in der Mitte des Lebens angekommen. Da fällt mir eine Definition über die Entstehung des Lebens ein, die von einem Griechen stammt, dem Angehörigen eines Volkes also, das, lange bevor es in die EG eintrat, fundamentale Geschichte gemacht hat. Da heißt es, daß Titan Kronos, der Herr der Zeit, seine Sichel schwang und seinen alten Herrn, den Weltenschöpfer und Himmelsgott Uranos entmannte. Vaters Penis fiel dabei ins Meer, woraufhin die Fluten aufschäumten und fruchtbar wurden. Nun stieg aus dem Meer die schaumgeborene Aphrodite, die Göttin der sinnlichen Liebe und der Schönheit, verliebte sich in Hephaistos – o goldenes Handwerk – von Beruf Schmied. Beider Sohn Eros – nicht der Ramazotti, den ich als Sänger schätze –, wird zum Sex-Urgott und sorgt dafür, daß seine Philosophie der Lust zum allgemeinen Freudenspender und Beate Uhse reich wird.

In meiner Lebensmitte, von der ich eingangs gesprochen habe, traf ich Helmut Käutner, den großen Filmregisseur, der nach dem Krieg seine alte Liebe zum Theater wiederentdeckte und erfolgreich inszenierte. Pavel Kohout hatte ein schönes Stück geschrieben, das Käutner mit mir an der Volksbühne inszenierte. Titel: »August, August, August« – ich war der Clown August.

Der Erfolg war groß, für Kohout, Käutner und Juhnke.

Mit »Dreyfus« setzten wir unsere Zusammenarbeit fort, wir hatten auch Fernsehpläne mit der Serie »Preußenkorso Nr. 17«, die sich leider nicht verwirklichen ließen, da Käutner schwer erkrankte. Die letzten Jahre seines Lebens verbrachte er in seiner »Casseta di Barabona« in Castellina, in der Provinz Chianti. Der Berliner Senat hatte ihm den Titel eines Professors h. c. verliehen; er wollte noch »Die Große Freiheit« als Musical schreiben und inszenieren und die Neuverfilmung von »Des Teufels General« auf den Weg bringen. Wie gerne hätte ich diese Rolle unter seiner klugen Regie gespielt. Am 20. April 1980 starb er in seinem Refugium in der Toscana, wo Willibald Eser, der Autor meines Buches, im Sommer 1977 seine Lebensgeschichte unter dem Titel »Abblenden« zu Papier brachte.

Peter Buchka schrieb zu Käutners Tod in der »Süddeutschen Zeitung«: »Mit ihren Großen hatten es die Deutschen immer schwer – und sie mit ihnen. Sie mußten, wenn sie schon nicht auf einem Piedestal standen, wenigstens in einen Rahmen passen. Käutner war ein Großer; unbezweifelt galt er als der wichtigste deutsche Filmregisseur der jungen Bundesrepublik ... Aber Käutner wollte sich in keinen Rahmen fügen, er machte immer gerade das, was man nicht von ihm erwartete.«

Mit Käutner und Eser, der für Käutner einige Filme geschrieben hat, habe ich lange Gespräche über unser Metier geführt. Käutner war selbst ein ausgezeichneter Schauspieler und liebte es, in seinen Filmen selbst mitzuspielen. Seine großen Aufgaben als Regisseur und Akteur auf der Bühne während der Schaller-Ära in Bochum, im Berliner Schloßpark-Theater bei Barlog, in den Kammerspielen in München, in der Josefstadt in Wien, bei Ida Ehre in Hamburg usw. oder in Fernsehkrimis und Psychoreißern, zum Beispiel in dem erfolgreichen TV-Dreiteiler »Babeck«, unter der Regie seines Freundes Wolfgang Becker, mit dem ich in meiner

Jugend den Film »Heldentum nach Ladenschluß« gedreht habe, hatten immer herausragendes Format. Ich liebte Käutners Witz, seine rheinische Lausbubenhaftigkeit und seinen scharfen Verstand. Sein Intellekt störte nicht, weil er mit soviel Charme und Anspruch gepaart war.

Er hatte mit den großen Stars seiner Zeit zusammengearbeitet, von der ganz jungen Ilse Werner bis zur Hannelore Schroth, Maria Schell, Marianne Hoppe und Ruth Leuwerik, von Hans Albers bis Ferdinand Marian, Carl Raddatz, O.W. Fischer, Curd Jürgens, Horst Buchholz, Fritz Kortner und Gustaf Gründgens. Käutner konnte sich also ein Urteil erlauben. Wir fragten uns, ob wir Schauspieler unsere Rollen auch persönlich »verinnerlichten«, ob etwas im Unterbewußtsein haften bliebe, ob etwas vielleicht sogar ins Privatleben überschwappen könnte.

Am Beispiel von Curd Jürgens erzählte Käutner, daß Jürgens nach Drehschluß weiterhin »Teufels General«, »Sigmund Freud« oder »Schinderhannes« blieb und Schwierigkeiten hatte, sich von der Rolle zu lösen. Glücklicherweise habe ich da keine Probleme. Ich vermag die Figur, die ich dargestellt habe, zusammen mit dem Kostüm in der Garderobe an den Nagel zu hängen und als hundertprozentiger Privatmann nach Hause zu gehen.

Mich belastet keine Figur, was den Vorteil hat, daß ich das Theater völlig entspannt betreten kann. Wenn ich höre, daß irgendein Kollege oder Freund drin ist, freut mich das, und es kann passieren, daß ich nur für diese Person spiele, vom Publikum unbemerkt. Das macht Spaß.

Ich komme heraus, bin augenblicklich in der Rolle, der Text ist da, das läuft wie am Schnürchen.

Ich bewundere Kollegen wie Robert de Niro, der sich für eine Rolle Pfunde anfrißt und hinterher wieder herunterhungert. Das könnte ich nicht. Ich stehe zu meinem Alter, meinem Haarausfall und meiner Knuppelnase. Wenn ich auf der Bühne den alten Zausel mit Stirnglatze und ollen Klamotten spiele, bringe ich mich schon zum Verbeugen in Ordnung, ziehe mich elegant an. Das mag eitel wirken, okay, ich brauche das aber für mein Wohlbefinden. Und wenn ich in einem Stück den Lackaffen gebe, renne ich anschließend mit Jeans und Lederjacke über den Ku'damm. Das tut mir gut. Früher »spielte« man dick oder dünn, heute erfrißt oder erhungert man sich solches Aussehen. Ich denke da an den großen Werner Krauß, der eigentlich ein schlanker Mann war, aber auf der Bühne als Tobias Rülp im »Sommernachtstraum« wie ein dicker Mann ging, stand, sprach und atmete. Grandios. Ich weiß, daß er in der Garderobe ein nicht zu bändigender Spaßvogel war, der vor keinem Jux zurückschreckte und seine Gaudi bis an die Grenze der Zumutbarkeit trieb. Aber wenn der Vorhang aufging, war er Wallenstein, König Lear, Richard III., Philipp II. Gründgens meditierte vor seinem Auftritt, er kam wie in Trance auf die Bühne. Aber schon mit dem ersten Satz packte er das Publikum und zwang es in seinen Bann.

Ich memoriere die ersten zwei bis drei Sätze, nicht weil ich sie nicht parat hätte, nein, ich tue es, um mich an das Stück zu erinnern. In »Sonny Boys« zum Beispiel sitze ich auf einem Stuhl mit dem Rücken zum Publikum; die Szene spielt in einem Altenheim. In dem Drama »Schon wieder Sonntag« im Renaissance-Theater, auf meinem Weg zum Charakter-Schauspieler, sitze ich als Alter am Beginn des Stückes gleichfalls in einem Sessel mit dem Rücken zum Publikum und sage: »Die Panzer sind schon im Vorgarten.« Nun stellen Sie sich vor, ich sage in einer Simon-Komödie, in einem New Yorker Hochhaus sitzend, statt: »Wer hat angerufen ...?« »Die Panzer sind schon in der Küche ...« Nicht auszudenken.

Und um so etwas zu verhindern, muß man als Schauspieler sein Gedächtnis trainieren. Wenn ich »Sonny Boys« wieder in Berlin spiele, komme ich mit zwei Proben aus. Dabei hilft mir natürlich das vertraute Bühnenbild, die eingespielte Kollegenschaft, die bewährte Technik und das gutgelaunte Publikum, das bereit ist, sich unterhalten zu lassen.

Ohne Sie da unten brauchen wir da oben den Mund überhaupt nicht aufzumachen. Gehen Sie ins Theater, es lohnt sich auf alle Fälle. Oder sind Sie der Meinung, daß wir noch ein Super-Einkaufszentrum an herausragender Stelle brauchen? Ich nicht.

Größenwahn
oder:
Wie buchstabieren Sie das?

Ein alter Fuchs ist schwer zu fangen.

Sprichwort

Kurz vor dem Beschluß des Berliner Senats, das Schiller-Theater zu schließen, interviewte André Müller Bernhard Minetti. Ich erlaube mir, »DIE ZEIT« zu zitieren:

ANDRÉ MÜLLER: Claus Peymann, mit dem Sie oft gearbeitet haben, hat Ihnen in einem Interview an dieser Stelle Größenwahn vorgeworfen.

BERNHARD MINETTI: Kein Problem.

MÜLLER (später): Ohne Größenwahn, sagten Sie, sei Qualität in der Kunst nicht möglich.

MINETTI: Eben. Ich meine, daß ein Schauspieler, der überzeugen will, diesen Größenwahn haben muß, dem Direktor, dem Regisseur und dem Publikum gegenüber.

MÜLLER: Der größte Feind des Schauspielers sei sein Publikum, so Thomas Bernhard.

MINETTI: In jeder Hinsicht, der größte Feind, ja. Weil es den Schauspieler zur Aggressivität oder, wenn es ein gutes Publikum ist, zum Leichtsinn verführen kann.

MÜLLER: Zur Aggressivität, wenn es stört.

MINETTI: Ja, wenn Skandal entsteht oder Türen geschlagen werden. Das ist natürlich ein Schock, weil ich ja auf der Bühne ein anderer bin. Dieser andere will leben. Dessen Leben lasse ich mir nicht rauben. Das verteidige ich.

MÜLLER: Gegen das Publikum.

MINETTI: Gegen, ja, obwohl ich hinterher glücklich bin, wenn sich Zustimmung zeigt, überglücklich ...

Was Minetti sagt, gefällt mir. Ich empfinde wie er, weil ich das erregende Gefühl kenne, das unbewußt vom Publikum hervorgerufen wird und uns Schauspieler auf der Bühne beflügelt oder abstürzen läßt. Und um sich solcher Gefahr Abend für Abend auszusetzen, muß man »größenwahnsinnig« sein.

Als ich in Berlin mit Wolfgang Spier »Sonny Boys« spielte, haben wir uns dieses Thema einmal »ernsthaft« vorgenommen. Anlaß war die Straßenumbenennungskrankheit, die in der Stadtverwaltung der Hauptstadt ausgebrochen war. Ich sagte zu Spier, ich fände es durchaus in Ordnung, wenn es zum Beispiel einen »Wolfgang-Spier-Weg« gäbe – und eine »Harald-Juhnke-Chaussee«.

Soviel zum Größenwahn.

Jemand aus München hat einmal einen offenen Brief an mich gerichtet und mir vorgeworfen, ich verunglimpfte die Gilde der Schauspieler durch mein Verhalten in der Öffentlichkeit. In Fehleinschätzung seiner selbst übersah der Mann, daß er, um sich solcherlei leisten zu können, zumindest eine Voraussetzung hätte erfüllen müssen: nämlich selber Schauspieler zu sein. Seine Wichtigtuerei erwies sich als Bumerang. Merke: Bumerangwerfen will gekonnt sein. Schon manch einer versäumte die Ankunftszeit des zurückkehrenden Wurfholzes und ging selbstgetroffen zu Boden – wo er hingehort.

Es muß unter uns bleiben *oder:* In Italien ist alles möglich

Frikadellen kann man nicht machen, ohne etwas Fleisch durch den Wolf zu drehen.

Dashiell Hammett

Nun eine Geschichte, die eine Journalistin erlebte.

Folgen Sie mir jetzt ins sonnige Italien, nach Terracina, südlich von Rom, an der geschichtsträchtigen Via Appia Antica gelegen.

Monika, die Journalistin aus München, hat Freunde in Terracina. Hin und wieder verbringt sie ein paar Ferientage in deren Haus am Meer.

Bei Adolfo al Mare ißt sie frische Vongole, Pasta alla Pesto und trinkt Vino di Campagnia.

Auf der Rückfahrt kommt sie im ausgeliehenen Cabrio ihrer Gastgeber am Monte Sant'Angelo mit seinen phantastisch beleuchteten historischen Bauwerken vorbei.

Sie hält an, fragt einen Italiener. »Entschuldigen Sie, was ist das?«

»Das ist der Tempel des Jupiter Anxur«, erklärt der Mann. »Im Volksmund nennt man ihn Palazzo di Teodrico. Den müssen Sie sich unbedingt anschauen!«

Am nächsten Tag fährt Monika die Serpentinen des Monte Sant'Angelo hinauf. Sie findet einen total überfüllten Parkplatz. Menschen aller Nationalitäten schwirren wie grelle Schmetterlinge umher. Die Freizeitklamotten der Touristen drehen Monika den Magen um. Bunte Hemden über dicken Bäuchen, flatternde Shorts an den Krampfaderbeinen, kecke Hütchen auf sonnenverbrannten Köpfen, Sonnenbrillen mit Spiegelglas auf sich häutenden Nasen, die blassen Füße in Socken und Wildledersandalen, mit Video- und Fotoapparat bewaffnet – das macht schon was her.

Sie schmatzen und quatschen, produzieren Müll, setzen »Duftnoten« hinter Sträucher und Mauerreste und drängen zur Weiterfahrt.

Monika flüchtet.

Nachts tobt ein Gewitter über die Stadt hinweg, am folgenden Morgen regnet es in Strömen.

Monika fährt noch einmal zum Jupiter-Anxur-Tempel hinauf. Sie hat Glück. Der Parkplatz ist leer. Der Wind treibt Regenschauer über den Asphalt. Das kleine Holzhäuschen des Parkwächters scheint unbesetzt zu sein. Sie macht sich auf den Weg.

»Hallo, Signorina«, ruft jemand hinter ihr her. »Sie haben vergessen zu bezahlen!«

»Entschuldigung, ich dachte, es wäre niemand da«, sagt Monika und kramt Geld hervor.

»Mille Lire«, sagt der Alte mit dem hageren Gesicht und streicht den Regen von seinem weißen Bart.

»Es tut mir leid«, entschuldigt sich Monika.

»Prego, prego!« Er macht eine wegwerfende Handbewegung.

Monika entfernt sich.

»Soll ich Sie führen, Signorina?«

»Das wäre sehr freundlich. Ich bin nämlich zum ersten Mal hier oben und weiß so gut wie nichts über diesen Tempel.«

»Kommen Sie«, sagt er und stapft ihr voran durch den aufgeweichten Boden.

Natürlich kennt er alle Details, weiß über den Ursprung des Bauwerkes Bescheid, hat alle Jahreszahlen und Namen zur Hand und versteht es meisterhaft zu erklären. Die Sicherheit und Selbstverständlichkeit, mit der er sich in diesen Ruinen bewegt, fasziniert Monika.

»Es ist ein korinthischer Tempel, Signorina. Hier draußen sehen Sie die Schallöffnung für das Orakel, und durch dieses Loch kommt man in eine Höhle, zu der zu meiner Zeit nur die Priester Zugang hatten. Von dort aus beantworteten sie die Fragen der Gläubigen mit Orakelsprüchen. Hier war der Opferaltar ...«

Hat er »zu meiner Zeit« gesagt? fragt sich Monika. Sicher nur so eine Redensart.

»... das war die Halle der Empfänge, eine tiefe Halle, davor war eine Freitreppe.«

Beide gehen einen dunklen Gang entlang, plötzlich bleibt er stehen.

»Hören Sie, Signorina?« fragt er. »Das Echo, es ist immer noch da, obwohl kaum noch etwas vom Tempel steht. Merkwürdig, nicht?«

Wieso kann der sich an das Echo früherer Zeiten erinnern, überlegt Monika.

»Hier war das Schlafgemach, und hier begannen die Räume der Bäder. Sehen Sie, da an der Wand sind noch Mosaikreste zu erkennen. Es werden immer weniger. Die Touristen, Sie verstehen. Souvenir, Souvenir.«

Er wirft eine leere Colabüchse durch die Ruine. Das Echo ist gewaltig. Ein Hundebastard hebt ein Hinterbein und verrichtet sein Geschäft.

»Pietro, wie oft soll ich dir noch sagen, du sollst nicht in mein Badezimmer pinkeln!«

Monika lacht. »Mein Badezimmer« war natürlich ein Scherz, sagt sie sich.

»Kommen Sie hier heraus, Signorina. Schauen Sie sich die Welt von oben an. Dort im Westen sehen Sie die Halbinsel mit dem Monte Circeo. Homer und Odysseus behaupten zwar, es wäre eine richtige Insel, das stimmt aber nicht. Ich kann mich noch gut an die Lagunenlandschaft erinnern. Vom Meer her mag es zwar so ausgesehen haben, aber das Meer täuscht gern. In der Mitte dieser Halbinsel hat Odysseus Rauch gesehen, der aus dem dichten Gestrüpp emporgestiegen sein soll. Dort befand sich die Behausung der Circe, der Meisterin der Zaubertränke, wie er sie nannte. –

Circe ist im übrigen die Tochter des Sonnengottes, wie Sie sicher wissen.«

»Natürlich weiß ich das«, sagt Monika eine Spur zu laut.

»In einer der Grotten, deren Eingang durch einen Erdrutsch viele Jahrzehntausende verschlossen war, hat man 1939 einen menschlichen Schädel gefunden, einen Ihrer Vorfahren, Signorina, einen sogenannten Neandertaler. Weiß der Teufel, wie der hierhergekommen ist. Der Kerl muß Tausende von Jahren vor Eurem Christus gelebt haben.«

»Warum sagen Sie ›Eurem Christus‹? Ist er nicht auch der Ihre?« forscht Monika.

»Schon, aber er hatte mehr Macht. Wir waren spezialisiert, er war alles.«

»Was hat er getan, was die anderen Gottheiten nicht auch hätten tun können?«

»Er hat die Seele revolutioniert!«

Schweigend gehen die zwei zu einem kleinen Felsplateau. Nach einer Weile sagt der Alte: »Hier stand Odysseus, und ganz in der Nähe, beim Piso Montano, hat er in einer Höhle über ein ganzes Jahr hinweg seine Schiffsgeräte aufbewahrt. Sein Gefährte Elpenor liegt hier begraben. Eine Gegend mit bewegter Vergangenheit, das können Sie mir ruhig glauben.«

Sie gehen schweigend weiter, der Hund begleitet sie schwanzwedelnd.

Auf der Rückseite des Tempels entdeckt Monika eine Statue des Jupiter Anxur. Interessiert betrachtet sie das verwitterte Standbild.

»Der hat Ähnlichkeit mit Ihnen«, sagt sie.

»Ich weiß«, antwortet der Alte, ohne stehenzubleiben. »Und dieser kleine Tempel da – was hatte der für einen Zweck?«

»Er diente profanen Aufgaben. Zwei Zisternen waren links und rechts entstanden. Soweit ich mich erinnere, lebte hier das Gesinde.«

Inzwischen hat sich der Himmel verdunkelt, schwere grauschwarze Wolken rasen vom aufgepeitschten Meer her aufs Land zu, über die Reste des Tempels hinweg. Wieder gießt es in Strömen.

Blitze zucken, Donner grollt über den Bergen.

Monika spürt eine Unruhe aufkommen.

»Haben Sie Angst, Signorina?« erkundigt sich der Alte, dem das Wetter überhaupt nichts auszumachen scheint.

»Es geht«, antwortet Monika kleinlaut.

»Kommen Sie hier herein«, fordert er sie auf.

Sie folgt ihm und betritt einen dunklen Raum.

»Bleiben Sie dicht hinter mir, dann kann Ihnen nichts passieren.«

Plötzlich stehen sie in einem hellen Raum mit weißem und schwarzem Marmor – brennende Öllampen an den Wänden, Marmorliegen mit Leopardenfellen, ein völlig intakter Tempel von bezwingender Schönheit.

»Wo sind wir?« fragt Monika begeistert.

»Im Haus eines römischen Industriellen«, antwortet der Alte. Er füllt zwei Becher mit Rotwein und reicht Monika lächelnd einen. Er macht einen genußvollen Zug. »Setzen Sie sich, Signorina.«

Auch Monika schmeckt der Wein.

Draußen tobt das Unwetter.

»Er muß schlecht gelaunt sein, der Gott des lichten Himmels, weil er es derart schütten läßt«, meint sie. Der alte Mann lacht, wiegt anerkennend den Kopf, während er berichtet:

»Nichts regelt sich von allein, alles muß getan werden. Als Fulgur galt es, die Funktionen des Blitzgottes zu übernehmen, als Jupiter Tonans war man für die Gewitter verantwortlich und als Jupiter Pluvius für den Regen. Auch als Beschützer von Recht und Treue wurde man in feierlichen Schwüren angerufen. Während der großen Kriege der Antike bekam ich die Beinamen Jupiter Stator und Jupiter Victor, man weihte mir die Kriegsbeute. Der Schwur ›beim Jupiter‹ galt als der heiligste und bindendste ...«

Er schaut nachdenklich vor sich hin.

»Haben Sie eine Zigarette, Signorina, eine amerikanische vielleicht?«

Monika hat eine.

Mit unverhohlener Verzückung zieht er den Rauch tief in die Lungen.

»Die sind so schön süß«, sagt er lachend, wobei seine blitzenden Zähne sichtbar werden.

Monika nickt abwesend. Ihre Gedanken kreisen.

»Sagen Sie«, fragt sie zögernd, »wenn ich Sie recht verstanden habe, dann halten Sie sich für ...?«

»Falsch, Signorina, ich bin – mit Ihrer Erlaubnis ...!«

»Wie ist das möglich? Das gibt's doch gar nicht! Bin ich vielleicht verrückt geworden?«

»Nicht doch Signorina, mit Ihnen ist alles in Ordnung. Der Fehler liegt bei mir. Ich kann es mir einfach nicht abgewöhnen, von Zeit zu Zeit in irgendeiner Form auf die gute alte Erde herunterzukommen. Wissen Sie, ich brauche das einfach, und es macht mir Freude, immer wieder die alten Weihestätten Ihrer Vorfahren aufzusuchen. Ich möchte darauf wirklich nicht verzichten. Unsereins hat nicht viel Abwechslung, verstehen Sie.«

Seine Zigarette ist bis zum Filter aufgeraucht. Sein Blick geht fragend nach einer zweiten.

»Darf ich?«

»Aber bitte!« sagt Monika und reicht ihm gedankenverloren die Zigarette. Ihr Blick wandert durch den Raum, versucht durch die Zeiten zu eilen, das alte unverfälschte Bild heraufzubeschwören. »Es hat aufgehört zu regnen«, stellt sie lapidar fest. »Ja«, sagt der Alte, »jetzt wird alles sprießen und gedeihen, und die Bauern werden glücklich sein.«

»Und morgen werde ich aufwachen und denken, daß die Begegnung mit Ihnen nur ein Spuk war.«

Der Alte lächelt.

»Es liegt an Ihnen, Signorina, was Sie daraus machen.«

»So wird es wohl sein«, sagt sie.

»Kommen Sie jetzt, es ist Zeit, ich bringe Sie zu Ihrem Wagen. Bald kommt der Besitzer – der braucht uns nicht zu sehen.«

Beide treten ins Freie, der Regen hat die Luft abgekühlt,

sie ist rein und schmeckt nach Rosmarin. Der Alte begleitet Monika zum Parkplatz. Die ersten Sonnenstrahlen kommen durch die Wolken. Sie reicht ihm die Hand, er drückt sie, lächelt freundlich. Monika macht das Dach des Cabriolets auf. Die Automatik imponiert ihm.

»Das ist ja phantastisch«, sagt er begeistert, als das Stoffdach in der Versenkung verschwindet.

Monika winkt ihm noch einmal zu, dann zündet sie den Motor.

Da fällt ihm etwas ein: »Könnte ich noch eine Zigarette haben?«

»Aber klar«, sagt sie und gibt ihm die ganze Schachtel.

»Nicht doch, das kann ich nicht annehmen«, ziert er sich ein wenig, behält die Schachtel aber dann doch. »Hier, das ist für Sie«, sagt er schmunzelnd und drückt Monika eine Münze in die Hand.

»Danke!«

Sie legt den Gang ein und startet. Vor der Abfahrt winkt sie ihm noch einmal zu. Dann fährt sie hinunter nach Terracina. Ihren Freunden erzählt Monika kein Wort von ihrer Begegnung.

In dieser Nacht schläft Monika lange nicht ein. Am nächsten Tag fährt sie noch einmal zum Tempel des Jupiter hinauf. Diesmal herrscht wieder der übliche Rummel. Auto neben Auto, endlose Touristenmassen. Sie hält an dem kleinen Parkwächterhäuschen und schaut sich nach dem Alten um. Vergeblich.

Nach einer Weile erscheint ein junger Student mit einer Schirmmütze, die ihn als Kassierer und Parkwächter ausweist. Monika fragt nach dem Alten. Er kennt ihn nicht, hat ihn nie gesehen und erklärt, daß es hier oben noch nie so einen Alten gegeben hat. Er allein sei zuständig, sonst niemand.

»Wie soll er denn ausgesehen haben?«

»Wie – Jupiter.«

Der Student lacht.

»Ja«, sagt sie trotzig und nimmt eine Fotopostkarte vom Ständer, die Jupiters Kopf in Stein gehauen zeigt.

»Wie Jupiter, genau so!«

Der Student zieht das Unterlid seines rechten Auges mit dem Finger nach unten, was bedeutet, daß er nicht beabsichtige, sich auf den Arm nehmen zu lassen. Monika muß plötzlich lachen.

Egal, denkt sie, und blickt in den heiteren Himmel, aus dem in dieser Sekunde ein Blitz zuckt, dem ein grollender Donner folgt. Und haarscharf gebündelt, zentimetergenau auf der Stelle, wo der Student gerade steht, beginnt es urplötzlich, wie aus Kübeln zu schütten.

Fassungslos und völlig durchnäßt bleibt er wie angewurzelt stehen. Er versteht die Welt nicht mehr. Monika droht ihm lächelnd mit dem Zeigefinger.

»Er ist unter anderem auch für den Blitz, Donner und Regen zuständig. Das sollten Sie in Zukunft bedenken. Hüten Sie sich also, ihn zu verärgern, und tragen Sie immer eine Schachtel amerikanische Zigaretten bei sich – die raucht er nämlich am liebsten.«

Übrigens:

Die Münze, die ihr der Alte gegeben hat, ließ Monika von einem Fachmann untersuchen. Sie stellt eine Kostbarkeit besonderer Art dar, sie ist aus reinstem Gold und von höchstem Wert.

Theater darf alles
oder:
Darf Theater alles?

Ältere Menschen sind gefährlich,
ihnen ist die Zukunft ganz egal.

G. B. Shaw

»Theater darf alles«, sagte Berlins renommierter Kritiker Friedrich Luft und löste damit eine heftige Diskussion aus. Ich bin der Meinung, daß Theater alles dürfen sollte, was sich innerhalb der Grenzen des sogenannten guten Geschmacks abspielt, ich halte aber nichts davon, daß ein paar spätpubertierende Regisseure ihre Profilgeilheit an bewährten Klassikern des Theaters abschlagen.

Natürlich würde ich solches nicht verbieten, denn das wäre ein Eingriff in die Freiheit der Kunst, die wir Gott sei Dank seit 1945 per Grundgesetz garantiert haben. Ich frage mich aber immer wieder, ob Hamlet nackt sein muß und Ophelia ihre Notdurft nicht besser vorher auf der Toilette verrichten sollte.

Glücklicherweise sprechen sich solche »Genie-Regie-Blitze« schnell herum – und dann geht man halt nicht hin. Nur, wenn bald keiner mehr hingeht, weil er Angst hat, angepinkelt oder beleidigt zu werden, müssen die Kollegen vor leeren Stuhlreihen spielen und das Haus schließen. So einfach ist das.

Das Schiller-Theater in Berlin hat ja in seiner ursprünglichen Form aufgehört zu existieren. Schade drum. Ich sollte in diesem traditionsreichen Haus den Richard III. spielen, unter der Regie von Katharina Thalbach – eine schöne Aufgabe, die wir erst einmal verschieben mußten. Sicherlich wird die Inszenierung zu einem späteren Zeitpunkt zustande kommen, wir wissen aber noch nicht, an welchem Theater.

Schiller über »Richard III«: »Kein Shakespeare-Drama hat mich so sehr an die griechische Tragödie erinnert.«

Die Rolle des »Richard« wäre für mich die Herausforderung schlechthin, an ihr würde ich mich messen wollen. Dieser häßliche, mißgestaltete Herzog von Gloucester, ein Bösewicht, der schon in seinem Auftrittsmonolog ankündigt, daß mit ihm ein großes Unheil heraufziehen wird, ist für mich auch heute noch von bestürzender Aktualität.

Na ja, und dann sollte ich irgendwann auch den »König Lear« spielen, den eigensinnigen und nervigen Greis, der sein Königreich Britannien vorzeitig an seine Töchter verteilt. Eine gewaltige Tragödie, ein fast unermeßliches Geschehen, in dessen Mittelpunkt die ergreifendste Gestalt Shakespearescher Genialität steht.

Werner Krauß hat den Lear im Großen Schauspielhaus, im Theater der Fünftausend, gespielt. Er war erst neununddreißig Jahre alt.

Krauß: »Es war eine Vermessenheit von mir ...« Elf Jahre später stand Krauß wieder als Lear auf der Bühne, am Staatstheater Berlin, in Gustaf Gründgens' erster Regiearbeit.

Krauß: »Ich war fünfzig Jahre alt, und es war noch keine Erfüllung.«

Mal sehen, wie ich mich mit über fünfundsechzig in der Rolle mache.

Der schlaue Professor August Everding in München hat neulich in einem Geburtstagsbeitrag der ZDF-Sendung »Aspekte« eine Anregung gegeben, die mir interessant zu sein scheint. Er meinte, ich sollte Brechts Volksstück »Herr Puntila und sein Knecht Matti«, ein Dutzend Szenen in Prosa und zwei Songs von Paul Dessau, spielen.

Als ganz junger Mann habe ich das Stück noch in der einmaligen Besetzung mit Leonhard Steckel als Großgrundbesitzer und Saufkopf Puntila, Gustav Knuth als Knecht Matti und Therese Giehse als Emma gesehen.

Heute abend Juhnke
oder:
Wie wird man Entertainer?

Es ist tragisch, daß so viele gutaussehende junge Männer ins Leben treten, um in einem nützlichen Beruf zu enden.

Oscar Wilde

Lassen Sie mich wieder der Reihe nach erzählen.

Im Jahre 1983 hatten Alain Delon und ich eine Wette in Frank Elstners »Wetten daß ...«-Show verloren. Wir versprachen, zusammen als Aerobic-Vorturner aufzutreten. Leider hat der Schuft Delon abgesagt, und ich mußte allein vor 5000 Berlinern herumhampeln. Wenn ich auch abgesagt hätte, würde man mir bestimmt wieder eine alkoholische Entgleisung untergejubelt haben – und das wollte ich nicht.

Das Freiluftspektakel war ein Riesenerfolg.

Klar, daß Delon sich wegen Krankheit entschuldigen ließ.

In »Wie wär's heut' mit Musik« war Charles Aznavour mein Stargast, einer meiner Favourites, der 1993 zusammen mit Frank Sinatra für dessen Album »Duets« den Klassiker »You Make Me Feel So Young« aufgenommen hat.

»Leute wie du und ich« hieß eine andere Unterhaltungsserie, in der Rudolf Platte – neunundsiebzig Jahre alt und nach schwerer Operation erstmals wieder vor der Kamera – meinen Vater spielte. Eine seiner letzten Rollen. Susanne Uhlen, mit deren Mutter Gisela ich auf der Bühne gestanden habe, und Chariklia Baxevanos waren in einer anderen

Episode meine Partnerinnen. Nach einem ziemlich folgenschweren »Absturz«, einer Entziehungskur und nach Ärger mit dem ZDF hat sich ein Mann als wahrer Freund erwiesen: Willy Millowitsch. Er hat mir einen Vertrag für ein 14-Tage-Gastspiel in seinem Theater angeboten, zu einem Zeitpunkt, als keiner mehr an mich glaubte – auch ich nicht. Willy war wie ein Vater zu mir, er baute mich auf, motivierte mich, gab mir mein Selbstvertrauen zurück. Nie werde ich ihm das vergessen.

Nach der Premiere im ausverkauften Millowitsch-Theater in Köln ging ich auf Tournee durch 64 Städte – und feierte Triumphe. Nun lief der Hase wieder.

Die damals siebzehnjährige Désirée Nosbusch unterbrach ihre Schauspielausbildung in New York und spielte mit mir eine Episode in der TV-Serie »Leute wie du und ich«. Wir drehten in Grainau bei Garmisch, Peter Bischoff schoß ein Foto von uns beiden, auf dem ich besonders »gütig« blickte. Kein Wunder, ich bin Désirées Vater – im Film.

Ein Jahr nach dem spektakulären Ende der ZDF-Sendung »Musik ist Trumpf«, die ich als Nachfolger von dem plötzlich verstorbenen Peter Frankenfeld übernommen hatte, drehte ich zusammen mit meiner bewährten Partnerin Barbara Schöne »Die ganze Welt ist himmelblau« in der Saarbrücker Kongreß-Halle. 1986 strahlte die ARD eine Aufzeichnung der Neil-Simon-Kommödie »Plaza Suite« aus, eine Inszenierung des Theaters am Kurfürstendamm. Ich spielte den berühmten Filmproduzenten Jesse Kiplinger mit gräßlicher und nichtsitzender Perücke, Anaid Iplicjian spielte meine Jugendfreundin, inzwischen Mutter von drei Kindern geworden – von einem anderen Herrn. Zwei köstliche Doppelrollen – und ein enormer Erfolg.

Im Jahr davor hatte ich im Mittelpunkt der Wiedereröffnungsgala des Wiener Raimundtheaters gestanden. Marika Rökks Tochter Gaby Jacoby erwies sich als ebenbürtiges Talent. Wolfgang Spiers Inszenierung der Komödie »Mein Freund Harvey«, im Theater am Kurfürstendamm, war schon 1985 in der ARD zu sehen. Was für eine Rolle! Endlich durfte ich auch mal im Fernsehen zeigen, daß ich eine Macke habe.

Als vertrottelter Witwer Elwood P. Dowd – in Hollywood grandios von James Stewart dargestellt und weit vor meiner Zeit von Victor de Kowa zelebriert – hatte ich den für andere unsichtbaren Riesenhasen Harvey zum Freund und Partner. Ilja Richter spielte den Psychiater, der mir schlußendlich Harvey ausspannt. Ein entzückendes Theatervergnügen.

Zwischendurch drehte ich wieder einmal einen Film – nach einer Pause von circa zwanzig Jahren, mit Iris Berben als attraktiver Bauunternehmerin, die sich in einen »Straßenfeger« – so auch der Titel der Komödie – verliebt. Die Rolle war mir auf den Leib geschrieben. Nach zehn Jahren stand ich wieder mal mit Chariklia Baxevanos auf der Bühne, Christian Wölffer, inzwischen mit Baxi verheiratet, inszenierte »Plaza Suite«. Harry Wüstenhagen war der dritte im Bunde und hatte es nicht leicht mit uns. Wir spielten vier verschiedene Ehepaare, ließen die Fetzen fliegen und landeten einen Renner. Die Presse schrieb: »Harald Juhnke auf den Spuren von Walter Matthau.«

Apropos: Walter Matthau und Jack Lemmon, ein Paar, das Billy Wilder auf dem Gewissen hat, sah ich neulich in der Neil-Simon-Verfilmung »Ein verrücktes Paar.«

Leider führte Wilder nicht Regie, was die beiden Komiker aber nicht störte, denn sie lieferten auch so eine perfekte Lachklamotte ab. Ponkie in der Münchner »Abendzeitung« schreibt: »Wie John (Lemmon) und Max (Matthau) ihre auf Bosheit gegründete feindliche Nachbarskinder-Freundschaft in Wortritualen pflegen und stets die Kacke am Dampfen halten, das ist die bekannte Zirkusnummer der Kontrastclowns: Das Matthau-Gesicht (drei Wochen in der Mülltonne) und das Lemmon-Gesicht (Puritaner-Bubi in Leistungspanik) als Gabe der Natur ... Zwei geile alte Zausel im Sexwettbewerb um die neu zugezogene Wollust-Tittenfee Ann Margaret ...«

Ein Spaß für Erwachsene.

Wir setzten in der ARD meine Reihe »Willkommen im

Club« fort, ich konnte an meine erste Sendung mit über elf Millionen Zuschauern anknüpfen. Meine Stargäste waren Audrey Landers, Mireille Mathieu, Johannes Heesters, Udo Jürgens u.a.

Im gleichen Jahr begann auch die Blödelserie »Harald und Eddi«. Die Sache kam gut an – was sollte ich machen. Auf einem Foto aus der Serie mit Eddi Arent sehe ich an der Seite von Christine Kaufmann wie der Fotograf Helmut Newton aus.

Dabei kann ich überhaupt nicht fotografieren.

1987 veranstalteten wir eine Geburtstags-Gala anläßlich der 750-Jahr-Feier Berlins in der Deutschlandhalle. Überraschungsgast: Hildegard Knef. Wim Thoelke debütierte als Sänger, Manfred Krug ließ es swingen und Wolfgang Spier, mit geklebtem Bart, war das Rätsel des Abends: niemand erkannte ihn. Der Chor der US-Brigade in West-Berlin sang zusammen mit dem Berliner Kinderchor, René Kollo – auch ein echter Berliner, brachte Kollosches zu Gehör, und ich bestand gefahrlos – in Abwesenheit der schon früher zitierten »Herren Klarer« und »Champagner« – meinen Wiedereinstieg beim ZDF.

Ein bißchen Rauch muß sein *oder:* Maßvoll genießen

Die einen leben
für das »Plaisir de Vivre«
und die anderen leben
gezwungenermaßen.

Zino Davidoff

Der ARD verdanke ich es, daß ich einen Mann kennenlernte, dessen Produkte ich schon kannte und dessen Zigarren ich längst zu meiner Lieblingsmarke gemacht habe: Zino Davidoff. Der witzige ältere Herr gab mir vor den Proben eine Lektion in Sachen Zigarren, die mir imponierte. So erfuhr ich, daß 1969 sein Ansehen in der Zigarrenwelt bereits so groß war, daß eine ganze Serie von Havanna-Zigarren nach ihm benannt wurde. Das war die Geburtsstunde der Davidoff-Zigarre. Zino selbst hatte vorher sein Geld als Zigarrenhändler verdient. Der Erfolg stellte sich rasch ein, bis es zu einer Auseinandersetzung mit Fidel Castro kam, weil Davidoff die gelieferte Ware mehr und mehr beanstanden mußte. Fidel soll angeblich die besseren Tabakblätter für seine eigenen Havannas zurückgehalten haben, deren Export für ihn eine unverzichtbare Einnahmequelle darstellt.

1990 trennte sich Davidoff von Kuba, baute eine Fabrik in Santiago, in der Dominikanischen Republik. Es gab noch Streit wegen des Namens, schlußendlich beruhigte sich die Szene, und heute gibt es überall Zinos Kreationen.

Zigarrenrauchen beruhige, sagte Zino und führte eine Reihe von Zeitgenossen auf, die das bewiesen haben. Allen voran Sir Winston Churchill, Groucho Marx (von den berühmten Marx Brothers), Ernst Lubitsch, der geniale Regisseur, Oscar-Preisträgerin Whoopie Goldberg und John F. Kennedy, der sich selbst während der Kubakrise diesbezüglich keinen Zwang auferlegte, was manchem Senator im wahrsten Sinne des Wortes zum Himmel stank. Übrigens, so Zino, wäre auch Bill Clinton Zigarrenraucher, er dürfe nur nicht mehr, weil Gattin Hillary für das ganze Weiße Haus ein Rauchverbot erlassen hat. Armer Bill Clinton.

Sollte ich je Präsident der Vereinigten Staaten werden, können die Zigarrensmoker im Weißen Haus mit Dispens vom Rauchverbot rechnen.

Zum Schluß meiner »Zigarren-Gedanken« möchte ich Marvon R. Shanken, Gründer und Verleger der Zeitschrift »Cigar Aficionado«, zu Wort kommen lassen. Ich fühle wie er, wenn er sagt: »Zu den schönsten Augenblicken in meinem Leben zählt, wenn ich mich in einem bequemen Ledersessel zurücklehne und mit einem Streichholz sorgfältig eine wunderbare handgemachte Zigarre in Brand stecke. Für jedes dieser Kunstwerke aus Kuba, der Dominikanischen Republik oder Honduras nehme ich mir viel Zeit ...«

Zino, alter Knabe, wo immer Du jetzt sein magst, ich rauche eine auf Dich!

Just in Time *oder:* Zurück in die Manege …

Lachen ist der Trost der Trauer.

George Tabori

Diesmal in die des Zirkus Krone in München, für die Wohltätigkeitsveranstaltung »Stars in der Manege«, zugunsten alter und kranker Kollegen.

Als tierlieber Großstädter habe ich mir eine Nummer mit Elefanten ausgesucht, von denen es heißt, sie seien nicht nur sehr stark, sie seien auch äußerst nachtragend. Nun war unsere Zusammenarbeit durchaus kollegial, wir wußten ja, daß es um eine gute Sache ging und wir die Angelegenheit ohne Animositäten hinter uns zu bringen hatten. Unter dem Motto »There is no business like show business«.

Trotzdem habe ich wenig später eine Fernsehserie abgesagt, die in einer besonders elefantenreichen Gegend im afrikanischen Busch spielt. Stellen Sie sich vor, ein paar von den Zirkuselefanten verbringen ihren Jahresurlaub in der alten Heimat und erkennen mich wieder, ich als Forscher mit Bart, Tropenhelm, Breeches, Wickelgamaschen und Monokel und die Burschen in Staubgrau, auf freier Wildbahn, mit ihrem gigantischen Erinnerungsvermögen und dem Schnorchel zum »Juhnke-Werfen«. Nein, habe ich zu mir gesagt, das läßt du sein, Harald.

Dann kam mir auch noch Euripides in den Sinn. Er sagt: »Vorsicht ist die rechte Tapferkeit.«

Der Mann hat recht.

Ein bekannter Kollege sagte neulich: »Seit ich mich regelmäßig mit Collagen unterspritzen lasse, verliere ich meine Freunde. Die Leute ertragen einfach mein gutes Aussehen nicht. Oder kennen Sie einen anderen Grund für dieses sonderbare Verhalten?«

Ich schaute ihn mir genau an: »Kein Wunder«, sagte ich, »Sie haben jede Identität mit Ihrem früheren Gesicht verloren, Sie sehen sich nicht mehr ähnlich. Ihre Fans erkennen Sie nicht. Sie haben Ihr altes Gesicht völlig umsonst populär gemacht.«

Der Mann spricht auch nicht mehr mit mir.

Also, um zu diesen Eitelkeiten ein Wort zu sagen, ich werde mich nicht liften oder sonstwas lassen. Ich bin ein Naturmensch, ich wasche mich mit Seife und Bürste, ich stehe zu meinen grauen Haaren und es ist mir völlig wurscht, von welchem Schneider die Klamotten sind – Hauptsache sie kosten nicht viel und sitzen. Ich bin kein Schuh-, Wäsche-, Haarteilfetischist, ich bin stinknormal – wenn man von der Meise absieht, die alle musisch veranlagten Menschen haben, denen das Herz aufgeht, wenn die Musik spielt. Der indische Dichter Rabindranath Tagore sagt: »Gott achtet mich, wenn ich arbeite, aber liebt mich, wenn ich singe.« Ich pflichte ihm bei – ich liebe mich auch, wenn ich singe.

Frank Sinatra *oder:* Ein Glücksfall

Er ist wild, liebevoll und energiegeladen wie drei Männer zusammen. Hinter der Maske des großen Schluckspechts und Partygebers versteckt sich ein hoch sensibler, intelligenter Mann – mit einem Herzen aus Gold.

Ava Gardner

Frank Sinatra hat mich mit seinen Liedern über Jahrzehnte begleitet. Einige seiner ganz großen Hits habe ich in meinen Shows gesungen, mal im Originaltext, mal in deutscher Adaption. Wenn er »Come Fly With Me« swingt, in der alten Nelson-Riddle-Fassung, hebe ich ab. Die Nummer reißt mir den Boden unter den Füßen weg. Und Cole Porters »I Get A Kick Out Of You«, von Neal Hefti neu arrangiert, hat nichts von ihrer Anmache verloren, von ihrem Manhattan-Schlendergang und Dandy-Charme.

Vorsicht, Frankiboy – meine Landsleute klatschen dazu gern »im Takt« mit. Schrecklich.

»You Make Me Feel So Young«, das große Kompliment an das Publikum, rührt an, »The Best Is Yet To Come«, eine Aufforderung, der nicht immer leicht nachzukommen ist, und »My Way«, das Lied, das Sinatra damals so dringend brauchte, als er in den USA ziemlich am Boden lag, aber nicht bereit war, aufzugeben. Paul Anka schrieb den englischen Text zu diesem Hit, der ursprünglich aus Frankreich kam. Sinatra war im fünfundvierzigsten Lebensjahr und traute sich die etwas morbiden Worte »And now, the end is near, and so I face the final curtain ...« ohne Depressionen zu singen. Der Song hält übrigens einen einmaligen Rekord: er war 120 Wochen in den britischen Charts. Nicht zu vergessen mein Favorit »I've Got You Under My Skin«, in Nelson Riddles Big-Band-Arrangement längst zum Klassiker geworden – eine erregende Swinging Affair für jeden, der sein Herz beschleunigen möchte, sich seiner Emotionen nicht geniert, die Beine noch bewegen kann und bereit ist, sich neidlos bis zum Hexenschuß zu verneigen vor dem größten Entertainer aller Zeiten: Frank Sinatra.

Daß ich ihn bei seinem letzten Auftritt in Berlin dann endlich kennenlernen durfte, präsentiert von seinem Sohn Frank Junior, der das umfangreiche Begleitorchester seines Vaters souverän dirigiert, ist mir unvergeßlich. Der bald Achtzigjährige setzte bei einem Großteil der Besucher gewaltige Lawinen von Erinnerungen frei, die manche Lady und manchen Gentleman zu Tränen rührten.

Ich muß ehrlich zugeben, auch mich hatte er voll erwischt.

»Thanks For The Memories ...«

Er tut es, sie tut es, fast alle tun es *oder:* Revanche

*Prominentsein besteht darin,
daß man zuerst ins Gespräch
kommt und dann ins Gerede.*

Axel von Ambesser

Zeit für eine Geschichte, eine Society-Geschichte.

Klaus von Lantze, Generalbevollmächtigter eines Konzerns, frühstückt.

Seine Frau Maria, Tochter des Senior-Konzernchefs, frühstückt mit ihm.

Claudio, ein junger italienischer Butler, bedient.

Alle drei sind auf ihre Weise glücklich. Warum? Wir werden sehen.

Klaus von Lantze genießt das Vertrauen seines Schwiegervater-Chefs. Er hat den Konzern souverän modernisiert. Babywindeln mit Supersaugkraft sind krisenfest (aus natürlichen Gründen). Seine Ehe mit Maria auch. Manchmal scherzt der Hausherr mit dem jungen Butler Claudio, der solche Arbeitgeberfreundlichkeit zu schätzen weiß.

Maria gibt sich Claudio gegenüber damenhaft reserviert.

»Du könntest ruhig ein bißchen netter zu ihm sein«, meint Klaus und schlürft dezent seinen vorletzten Schluck Kaffee. »Er ist immerhin der uneheliche Sohn eines verarmten italienischen Conte. Bestimmt hat er Heimweh.«

»Ich weiß gar nicht, was du an ihm findest«, entgegnet Maria kühl. »Du flirtest ja regelrecht mit ihm.«

»Nur weil dir mal einer seiner Landsleute in Neapel einen Koffer geklaut hat, kannst du doch nicht das ganze italienische Volk mit deiner Rache verfolgen«, erwidert Klaus. Er küßt seine Frau und verläßt den Raum. Maria bleibt sitzen.

Abseits steht Claudio. Er verneigt sich, als Klaus an ihm vorbeigeht.

»Komm nicht so spät!« ruft Maria ihm nach. »Heute abend ist Oper, mit Politikern und Pack.«

Klaus steigt in seinen schnellen Jaguar, startet, drückt eine Musikkassette mit Johann Sebastian Bach, das Cembalokonzert Nr. 8 in d-Moll.

An einer schönen Straßenecke steht ein schönes Mädchen, das zu ihm einsteigt, ihn küßt, die Musikkassette gegen eine mitgebrachte Rapkassette auswechselt, die linke Hand auf seinen rechten Oberschenkel legt und sich in den Sitz kuschelt. Ein paar Bücher wirft sie nach hinten.

»Fleißig gewesen, an mich gedacht?« forscht Klaus lächelnd.

»Ununterbrochen, Sir.«

Klaus grinst. »Warum hat das deutsche Mittelalter keine Märchen aufgeschrieben?«

»Vermutlich, weil das Mittelalter selbst ein einziges Märchen war.«

»Ich liebe dich.«

»Und ich dich, mein smartes Mittelalter.«

»Das Schlimmste an der Jugend ist ihre Jugend.«

»Geht das gegen mich, Sir? Bin ich dir wieder einmal zu jung oder einfach nur nicht alt genug?«

»Beides, Sandra.«

Sandra schnellt aus ihrer Kuschelstellung hoch.

»Depressiv? Ein privates Tief? Oder ein geschäftliches?«

»Fehlanzeige. Eher ein Hoch. Ein impulsives. Willst du's sehen?«

Happy Birthday! Geburtstagsfeier in Wien, 1994.

Meine Geburtstagsparty-Gäste: Christiane Hörbiger und ihr Lebensgefährte Gerhard Tötschinger …

… Grit Böttcher und Uraltfreund Wolfgang Rademann …

... Spezi Udo Jürgens ...

... Gruppenbild mit Damen ...

… und Flaschen.

Alles klar, Leute?

»Schaun's, Weanerisch is gar net so schwer.« Christiane Hörbiger in meiner TV-Geburtstags-Party 1994 in Wien.

»Na denn, Freunde, bis zu meinem Siebzigsten …«

... in Zino veritas. Mit Zino Davidoff in Basel, 1983.

»Was die Werner sich da zu spielen getraut hat, hat mich sehr beeindruckt.« (»Hallo Sisters«, Spielfilm mit Ilse Werner und Gisela May, 1993)

»Liebling, dir fehlt ein Stück vom Propeller ...« (»Alles auf Anfang«, Spielfilm mit Christiane Hörbiger, 1994)

»Auf uns ist Verlaß ...« (»Zwei alte Hasen«, TV-Serie mit Heinz Schubert, 1994)

Sandra fliegt in seine Arme. Er verliert beinahe die Herrschaft über den Wagen. Ein anderer Pkw-Fahrer tippt mit dem Zeigefinger an die Stirn.

»Hast du das gesehen?« empört sich Klaus. »Der Kerl hat mir den Vogel gezeigt!«

»Besser als die Hundemarke von der Sitte. Wo tun wir's denn heute?«

Klaus hält bei einem Privat-Health-Club. Er gibt sich weltmännisch.

Ein italienischer Bademeister-Adonis lächelt smart.

Sandra erwidert.

»Laß das«, entrüstet sich Klaus, »diese Typen sind gefährlich! Letztes Jahr hat einer von denen Marias Koffer in Neapel geklaut.«

Sandra lacht: »Du spinnst!«

Er verriegelt die Türe der Entspannungsoase. Sein Entzückungsschrei ist ehrlich wie sein Statement: »Es ist einfach herrlich, Sandra, wenn du so gewalttätig bist!«

Maria, die attraktive Ehegefährtin, führt seit Jahren ein Antiquitätengeschäft in der Innenstadt. Für die Gestaltung kultivierter Lebensräume ist ihr Rat gesucht – und hoch bezahlt.

Claudio, der italienische Butler, geht ihr bisweilen zur Hand. Er assistiert im weitesten Sinne.

Eines Tages steht Gräfin Kneiffenheim, Marias langjährige Freundin und Vertraute, im Geschäft.

Claudio ist auch da.

»Schick den Kerl weg«, raunzt die Gräfin. »Ich muß mit dir unter vier Augen reden.«

Maria entspricht dem Wunsch.

Claudio fährt in die Villa zurück.

»Möchtest du eine Tasse Tee?« erkundigt sich Maria.

»Typisch für dich«, sagt die Gräfin spitz, »die ganze Welt besäuft sich, und du bietest Tee an. Maria, meine Liebste, was ist eigentlich los mit dir? Du gehörst doch noch nicht zum alten Eisen ...«

»Ich denke nicht. Komm zur Sache. Was hast du auf dem

Herzen? Wieder Ärger mit Cosimo? Hat er eine neue Freundin, oder seid ihr nur wieder mal pleite?«

»Nicht Cosimo«, flötet die Gräfin triumphierend. »ER hat eine neue Freundin ... !«

»Wer, er?«

»Dein smarter Wirtschaftsboß, dein Sonnykläuschen ... !«

Maria verzieht keine Miene. Sie öffnet eine Flasche Dom Perignon, füllt zwei Kristallgläser, reicht eins der fiebernden Gräfin, führt das andere an den Mund und sagt cool »Skol!«

Die Gräfin starrt sie entgeistert an: »Ist das alles, was dir dazu einfällt? Dein Mann betrügt dich mit einer jungen, dummen Gans – und du zitierst fremdländische Trinksprüche?«

Maria setzt sich in einen Sessel, lächelt. »Klaus hat Geschmack! Das Mädchen ist keine dumme Gans: Sie studiert Kunstgeschichte und ist überaus reizvoll. Für deinen Cosimo wäre sie unerreichbar.«

»Laß meinen Cosimo aus dem Spiel. Ihn bescheint das Glück des Anspruchslosen: ihm gefällt jede, Hauptsache, sie ist kein Transvestit.«

»Und was ist mit dir, liebste Freundin?«

»Ich ziehe seit Jahren Alkohol den Männern vor. Er geht schneller ins Blut und hält länger vor. Aber du, du bist attraktiv, hast das gewisse Etwas ... «

»Keine Sorge, ich komme über die Runden, liebste Freundin, Klaus und ich lieben uns. Wir schlafen noch immer ganz vorzüglich miteinander. Nur die Stimulation holen wir uns woanders ... «

»Soll das heißen, daß du auch einen Studenten hast?«

»Keinen Studenten.«

»Ein junger Beau aus guter Familie? Kenn' ich ihn?«

»Ein italienischer Aristokrat.«

»Wie romantisch – und wie verwerflich. Ist er gut?«

»So gut, wie man in seinem Alter eben ist.«

»Wie alt ist er?«

»Zweiundzwanzig!«

Die Gräfin bekreuzigt sich sofort. »Zweiundzwanzig!

Madonna! Und wie schaffst du es, daß Sonnykläuschen nichts merkt?«

Maria nimmt einen Schluck.

»Den Ahnungslosen braucht man nicht zu täuschen. Klaus verläßt regelmäßig das Haus. Eine reizende Sandra steigt irgendwo zu ihm in den Wagen, und während er in besonders dringenden Fällen auf die wohltätige Einrichtung einer Privatsauna angewiesen ist, kehre ich gelassen in mein Schlafzimmer zurück, um die Umarmung meines jungen Liebhabers zu empfangen.«

Die Gräfin ist fassungslos. Neid überfällt sie schüttelfrostartig. Sie hat Mühe, die gräfliche Contenance zu bewahren. Sie trinkt, Maria amüsiert sich, schenkt nach.

»Wie kommt der Kerl so schnell in dein Schlafzimmer? Und wenn ihn jemand sieht?« fragt sie besorgt.

»Er wohnt bei uns.«

Die Gräfin bekreuzigt sich erneut und zischt betroffen: »Heilige Mutter von Casan!«

»Er ist hinreißend komisch«, fährt Maria fort. »Immer fröhlich, zu Streichen aufgelegt, dabei smart und zärtlich. Mit ihm geht's mir so, wie dir mit dem Alkohol: Er geht mir sofort ins Blut und hält lange vor ...«

Die Gräfin atemlos: »Und was sagt Klaus dazu, daß er bei euch wohnt?«

»Nichts, Klaus mag Claudio. Er hat ihn angeheuert.«

»Du meinst, Klaus hat ihn dir ...«

»Claudio ist unser italienischer Butler. Er ist der uneheliche Sohn eines Conte. Er ist gebildet, liebt alles Schöne – und ist sensationell hemmungslos.«

»Mamma Mia!« schnauft die Gräfin, italienisch inspiriert.

»Apropos: Mir fällt ein, daß ich zum Lunch verabredet bin. Ich habe einen Riesenhunger, du verstehst, meine Liebe. In meinem Alter kann man sich nur noch aufs Essen schmeißen. Also adieu – und laß dich nicht erwischen!«

Maria bringt ihre Freundin zur Türe, sie küssen einander die Wangen, die Gräfin schaut Maria noch eine Sekunde kopfschüttelnd an.

»Wie du das machst, das hätte ich mich nie getraut – ciao!«

Maria schließt die Tür, nimmt den gerade vorbeikommenden Claudio bei der Hand und geht mit ihm in einen angrenzenden Raum.

»Aber, Signora, ich habe Makkaroni carbonara im Rohr!»

»Wie schön für dich, Claudio. Laß sie anbrennen«, sagt sie und zieht ihn an sich.

Wenig später steht Klaus im Zimmer und erkennt sofort, daß man sich mitten in der Hauptsache befindet.

Unnatürlich freundlich meint er: »Meinen Rat, zu Claudio etwas netter zu sein, hast du bemerkenswert wörtlich genommen. Soweit mein Erinnerungsvermögen ausreicht, ist es das erste Mal, daß du auf mich gehört hast.«

Maria bleibt souverän: »Dein Hinweis auf sein Heimweh hat mich tief bewegt.«

Sie schlüpft aus Claudios Arm, zieht etwas über, setzt sich in einen Sessel, zündet eine Zigarette an, schüttelt ihr Haar.

»Das dürftest du ihm ja nun ausgetrieben haben«, sagt Klaus. »Wie lange geht denn das schon mit euch beiden?«

»Nicht ganz so lange, wie Sandra jeden Morgen zu dir ins Auto hüpft.«

»Okay, ich verstehe. Würde es dir etwas ausmachen, wenn uns Claudio einen Moment allein ließe?«

Marias Antwort ist ein Lächeln für den Liebhaber.

»Bitte, Claudio ...«

Der uneheliche Sproß eines Conte zieht sich diskret zurück.

»Wir danken für Ihr Verständnis, Claudio.« Und als er draußen ist, fragt Klaus weniger charmant seine in flagranti weilende Frau:

»Willst du ihn behalten? Willst du die Scheidung?«

»Willst du sie behalten? Willst du die Scheidung?« kontert Maria.

»Ich denke nicht im Traum daran, mich von dir zu trennen«, sagt er.

»Ich auch nicht«, sagt sie.

»Und Claudio?« fragt er.
»Ich schenk' ihn der Kneiffenheim«, antwortet sie.
»Großzügigkeit ist die letzte Raffinesse weiblicher Eitelkeit«, räumt Klaus voll Bewunderung ein.
»Dein Zynismus ist belebend«, entgegnet Maria. »Also werden wir den ›jungen Leuten‹ Adieu sagen.«
»Den Armen«, meint er. Und weiter, »wie werden sie es aufnehmen?«
»Schadenfrei – wenn ich mich nicht irre.«
»Du sprichst wie ein Versicherungsmensch«, meint Klaus.
Befreiendes Lachen, Umarmung.
»Es ist ganz schrecklich, aber ich liebe dich!« gesteht Klaus, eher peinlich berührt.
»Was für ein Zufall«, lacht Maria, »ich mich auch!«

Vier Wochen später.
Frühstück im Haus Lantze. Maria hat sich Mühe gegeben, sie ist ohne Hilfe im Haushalt, Klaus übt Toleranz. Nichts klappt. Das Ei ist hart, der Toast ist schwarz, der Kaffee ist kalt und bitter.
»Es tut mir leid«, sagt Maria.
»Der einfachste Weg, abzunehmen, ist eine schlechte Köchin.« Klaus lächelt nachsichtig. »Ich verliere Pfunde, wie Struppi Haare.«
Der Hund schaut betroffen auf.
Maria prüft den Toast. Mit negativem Ergebnis. Sie schüttelt den Kopf.
»Wenn es stimmt, daß Hausarbeit adelt, verstehe ich, warum so viele Frauen bürgerlich bleiben.«
Klaus schaltet sein unwiderstehliches Lächeln ein. »Wenn ich nicht wüßte, daß du schon mit mir verheiratet bist, würde ich dir sofort einen schmutzigen Antrag machen.«
Maria: »Trotzdem?«
Klaus: »Trotzdem!«
Maria küßt ihn.
»Mach ihn mir heute abend, deinen schmutzigen An-

trag.« Klaus verabschiedet sich zärtlich, geht in die Garage, startet seinen Jaguar, fährt zur Firma, passiert die bewußte Ecke, an der Sandra immer stand, tritt scharf auf die Bremsen – Gewohnheitssache. Was für ein Zufall, dort steht jetzt ein anderes Mädchen, auch sehr jung, auch sehr hübsch. Klaus läßt die automatische Scheibe herunter und startet eine Anmache.

»Ich hör' gerade in den Nachrichten, daß das Fernsehen abgeschafft wird. Möchten Sie mit mir fliehen ...?«

Die Süße dreht sich auf dem Absatz um, lüpft den Rock und zeigt Klaus ihren nackten Po. Dazu sagt sie: »Verpiß dich, Schweinebacke, sonst hau' ich dir meine Titten um die Ohren ...«

Verlegenheit ist nicht seine Sache. »Erst mal welche haben...«, pariert er, gibt Gas, und weg ist er.

Währenddessen wird in seinem Haus geläutet.

Maria öffnet.

In der Tür steht ein feinsinniger älterer Herr in serviler Haltung.

»Gräfin Kneiffenheim hat mich gebeten«, flüstert er distinguiert. »Ich sollte mich für die vakante Stelle des Butlers vorstellen.«

»Sie sind engagiert!« ruft die Dame des Hauses erleichtert. »Fangen Sie gleich an!«

Ohne auf die Verblüffung des spontan Engagierten zu achten, eilt Maria zum Telefon und ruft Klaus an:

»Wir haben einen neuen Butler!«

»Wie alt?«

»Um die sechzig.«

»Sehr gut.«

(Pause.)

»Warum sagst du nichts mehr?«

»Ich denke.«

»Woran?«

»Ich habe da so eine Idee ...«

»Welche?«

»Ich zögere.«

»Weshalb?«

»Ich trau mich nicht.«
»Trau dich!«
»Dazu müßte ich aber jetzt gleich nach Hause kommen.«
»Um ...?«
»Ja.«
»Nein!«
»Warum nein?«
»Nein, es macht mir nichts aus: Du hast zehn Minuten!«

Man kann auch einen Telefonhörer zärtlich auflegen.

Maria tut es.

Klaus knallt den Hörer auf die Gabel, rennt aus seinem Büro, verweigert den bereitstehenden Direktionslift, wirft sich in seinen Jaguar, braust los, donnert durch die Stadt, bei Rot über eine Kreuzung, an den entzückendsten Mädchen vorbei, kurvt mit quietschenden Reifen in eine Seitenstraße hinein und – übersieht einen vollbeladenen Obstkarren.

Der Unfall verläuft glimpflich, der Rettungswagen ist sofort zur Stelle, ein Krankenhaus ist in der Nähe.

Maria sitzt an seinem Bett, das geschiente Bein ragt in die Höhe, der Bruch ist unkompliziert.

Sie legt den Arm um Klaus' Hals, lächelt mit einem Seitenblick auf sein gegipstes Bein.

»Da haben wir jetzt wohl ein Problem ...?«

Klaus schüttelt den Kopf.

»Du irrst, Liebling. Kennst du nicht die thailändische Schlittenfahrt?«

Maria: »Jetzt – mitten im Sommer?«

Klaus: »Hab' ich dir die nie gezeigt?«

Maria tut empört.

»Was hast du mir denn da wieder vorenthalten, du Schuft!«

Er beruhigt sie.

»Ich wollte mir die Sache eigentlich fürs hohe Alter aufsparen, aber jetzt, in einer so extremen Situation ... Bring' nach der Abendvisite eine Pulle Schampus mit ... dann geht's los. Abgemacht?«

»Abgemacht«, sagt Maria etwas zögernd. »Ist die Sache denn gefährlich, diese thailändische ...?«

»Keine Spur, Liebling. Mit den Stäbchen, die dir immer aus der Hand fallen, hat sie übrigens nichts zu tun. Der einzige Nachteil ist, daß du dir vielleicht ein Bein brechen könntest. Andererseits funktioniert die Sache überhaupt erst richtig, wenn beide Partner ein gegipstes Bein haben ...«

Maria braucht eine Sekunde, um seinen Scherz zu begreifen. Dann lacht sie und umarmt ihn.

Klaus fragt in die Umarmung hinein: »Soll ich vielleicht wieder Claudio anheuern ... vorübergehend ... bis der Gips ab ist?«

»Nicht nötig, du Scheusal!«

»Und was ist mit dem Neuen, mit Cederic ...?«

»Ich fürchte«, klärt Maria, »der Herr ist eher an dir interessiert.«

Klaus: »Wie das?«

Maria: »Er hat sich deine Lieblingsgerichte und Getränke notiert ...«

Klaus fühlt sich geschmeichelt: »Das finde ich doch sehr aufmerksam ...«

»Kaum daß du weg warst, hat er deinen Kleiderschrank ausgemistet. du hast jetzt endlich wieder Platz für neue Klamotten ...«

Klaus: »Ich versteh' nicht?«

»Cederic hat deine alten handgemachten Budapester Schuhe weggeworfen, ein Dutzend neue Hemden bestellt und Jahrgangschampagner geordert ...«

Klaus' Temperatur steigt: »Wie kommt der Kerl dazu? Und warum hast du ihn nicht gestoppt ...?«

»Der Mann ist über Sechzig, spricht fünf Sprachen perfekt, war Professor ohne Pensionsberechtigung an der Kunstakademie in Prag und ist ein exzellenter Kunstkenner. Er weiß mehr über Antiquitäten als ich ...«

»Dann heirate ihn doch ...!«

Maria spitzt: »Geht nicht. Er steht auf Männer.«

Klaus sinkt in die Kissen zurück. »O Gott«, sagt er.

»Was ist jetzt mit deiner thailändischen Schlittenfahrt mitten im Sommer?« lenkt Maria ein.

»Die verschieben wir erst einmal. Vielleicht verliebe ich mich in den Professor, dann hat es sich für dich sowieso ausgeschlittelt ...?!«

»Das läuft nicht, du bist nicht sein Typ.«

Klaus: »Schade – aber man kann nicht alles haben.«

Maria läßt nicht locker: »Was hältst du davon, wenn wir mit dieser exotischen Übung erst mal auf Warteschleife gehen?«

Klaus lenkt ein. »Einverstanden, vorausgesetzt, der Professor hat nichts dagegen.«

Maria haut ihm auf den Gips, Klaus schreit: »Du bist pervers ...!«

»Ja«, sagt Maria lächelnd, »ich liebe den Schmerz, den andere empfinden.«

Blitzschnell springt sie von seinem Bett weg, so daß seine nach ihr greifenden Hände ins Leere gehen.

Klaus: »Die Rache ist mein, ich werde mich mit dem Professor verbünden. Dich erwartet die Hölle auf Erden ...«

»Ja, ja«, sagt Maria, »du hast mir schon viel versprochen ...«

Licht an
oder:
Es geht weiter

Bei Nullen ist es wichtig,
daß sie hinten stehen.

Unbekannt

Am Tag meines sechzigsten Geburtstags probierte ich von 10.00 Uhr bis 14.00 Uhr im Renaissance-Theater »Schon wieder Sonntag«. Später feierten wir im Dachgarten des Hotels »Interconti«. Meine Gäste und Gratulanten tranken Champagner, ich blieb eisenhart beim Mineralwasser. Susanne und meine beiden Söhne schenkten mir eine sechzig Jahre alte Rolex-Uhr, über die ich mich sehr freute.

1990 spielte ich im gleichen Theater »Eines langen Tages Reise in die Nacht« mit Judy Winter. Ich setzte auch meine TV-Reihe »Willkommen im Club« fort, eine Spielwiese, auf der ich mich richtig austoben konnte, mit Singen, Tanzen, Parodieren, Schauspielern und Moderieren. Im Gegensatz zu den ZDF-Shows »Musik ist Trumpf« und »Wie wär's heut' mit Musik«, in denen ich eigentlich nur Ansager war.

Einer meiner Club-Gäste war der amerikanische Sänger »Alt-Meister« Trini Lopez; seine Musik faszinierte mich schon als Jüngling.

Am 8. 9. 1990 war ich erstmals der reiche »Geizige« von Molière. Daniela Strietzel spielte meine Tochter Elise, Volker Brandt war mein Verwalter, der es mit dem alten Franc-Fuchser Harpagon nicht leicht hatte. Mein »Schauspielführer« schloß sich als TV-Reihe an, mal als »Bundeswehr-General«, mal als »Siegfried«, mal als »Caesar«. Eine witzige Idee und eine Herausforderung für einen Komödianten.

1991 kam dann eine Rolle, auf die ich dreißig Jahre gewartet hatte. Ich spielte einen alten, durch Alkohol aus der Bahn geworfenen Manager, der sich mit Gelegenheitsjobs durchs Leben bringt. Der Kinofilm, der später auch ins ZDF kam, hieß: »Die Hallo-Sisters«. Meine wunderbaren Partnerinnen waren Ilse Werner – in der Rolle einer Alkoholikerin – und Gisela May als Musikinstrumentladen-Besitzerin. Babsie (Ilse Werner) und Maika (Gisela May) waren in der Geschichte ein Gesangsduo, das die Hitlisten anführte – in den fünfziger Jahren. Aus der Mode gekommen, von ihrem Manager und Lover Henne (Juhnke) belogen und betrogen, ist jede ihren eigenen Weg gegangen: Babsie säuft, bezieht Stütze und geht gelegentlich Putzen, während Maika ganz bürgerlich ihren Instrumentenladen betreibt, den sie vom Vater geerbt hat.

Henne bastelt an einem Comeback für die »Hallo-Sisters«, scheint es auch zu schaffen, aber dann kommt es eben doch anders, als man hoffte.

Viel Ehre, Preise und Auszeichnungen für eine schöne Aufgabe und ein professionelles Zusammenarbeiten mit den zwei Damen.

Der windige Illustrierten-Ressortleiter Kummer in »Schtonk« war eine andere schöne Rolle, neben Götz George als Reporter Willié, Martin Benrath und Christiane Hörbiger als Freya von Hepp und Nichte des Ex-Reichsmarschalls Hermann Göring.

Im Alter von dreiundsechzig Jahren betätigte ich mich als Lebensretter, in der Serie »Harry und Sunny« mit einer Berliner Göre, gespielt von Nadja Goldhorn. Ein erfrischendes kleines Biest, mit Schnauze und Herz, eine Waise, die im Heim aufwächst und sich nichts sehnlicher wünscht, als von Harry adoptiert zu werden. Hannelore Elsner und Anita Kupsch spielten meine Ex-Geliebten, zwei Kolleginnen, mit denen ich immer wieder gern vor der Kamera stehe. Lebensretter deshalb, weil ich einen liebeskranken Hochseilartisten und Selbstmörder vor dem Sprung von einem 20 Meter hohen Kran im Hamburger Hafen rette.

In der Persiflage-Serie »Der Forstarzt« halfen mir die Kollegen Beatrice Richter und Paul Kuhn, gängige Endlos-Serien zu veralbern. Mit Witz und Selbstironie nahmen wir die Dauerrenner von ARD und ZDF auf die Schippe, kratzten an den Klischees und zeigten ganz »neue« Wege der Unterhaltung auf.

Während ich »Alpenglühen« von Peter Turrini im Berliner Schloßpark-Theater spielte, verliebte ich mich fürs Fernsehen noch einmal in Chariklia Baxevanos. Als Heiratsschwindler bekomme ich in der Komödie »Ein Kerl wie Samt und Seide« Probleme mit der Justiz. Glücklicherweise rettet mich Baxi, ein Ex-Opfer meiner Machenschaften, vor dem Gefängnis. Doch wie der Kerl halt so ist (den ich spiele), hält er nach dem Verlassen des Gerichtsgebäudes als freier Mann schon wieder Ausschau nach seinem nächsten Opfer. Judy Winter gehörte zu den Auserwählten des samt- und seidenen Herrn, die seinem Charme, seinem Schmäh und seiner Männlichkeit erliegen.

Zwischendurch lud mich mein Freund Carl Spiehs ein, in seiner Erfolgsserie bei RTL »Ein Schloß am Wörthersee« zu gastieren. Dieses herrliche Stück Kärntens, das ich aus früheren Filmen kannte, wollte ich unbedingt wiedersehen. Ich verband die Arbeit mit ein paar Tagen Ferien, meine Frau Susanne begleitete mich, und wir genossen das Zusammensein fern von Berlin und dem dort üblichen Hauptstadtrummel.

Der Produzent erwies sich als großzügig, einige andere Fernsehauftritte in der ARD waren ersatzlos gestrichen worden, ich war immer noch überzeugter Mineralwasserfan. Also, auf ins schöne Land Kärnten. Die Rolle war ein Spaß und vom Umfang her fast ein Juhnke-Solo, da es sich um eine Doppelrolle handelte. Einmal spielte ich mehr oder weniger mich selbst, einen bekannten Entertainer, das anderemal den Manager des Veldener Casinos. Uschi Glas, Pierre Brice, Helmut Fischer und Österreichs beliebter

Showmaster Peter Rapp als Arzt, der sich um Entertainer Eddy kümmert, standen bei strahlendem Wörthersee-Wetter vor der Kamera.

Der Erfolg dieser Unterhaltungs-Serie von Carl Spiehs und Dr. Thoma ist beeindruckend. Leider ist der ursprüngliche Mittelpunkt der Serie, Roy Black, viel zu früh gestorben. Er hätte den Part des Hotelchefs Lenny bis ins hohe Alter spielen können, seine große Fangemeinde wäre ihm sicher treu gebieben.

1993 war ich der »Hahn im Korb« in der Karibik. Ich spielte einen Plantagenbesitzer auf Jamaica, der drittgrößten Insel der Großen Antillen im Indischen Ozean. Ein Regierungsmensch erzählte mir in der Hauptstadt Kingston, daß die Insel ursprünglich von Kolumbus auf seiner zweiten Reise 1494 entdeckt wurde. Er nannte sie Santiago, Indianer waren die Ureinwohner. Die Engländer eroberten das Eiland 1655, und im Zweiten Weltkrieg unterhielten die USA dort Stützpunkte. Auch auf dieser Reise begleitete mich meine Frau Susanne. Es war mein ausdrücklicher Wunsch, und ich hoffe, daß wir noch viele Reisen gemeinsam unternehmen werden.

Als ich einmal allein auf der Terrasse am Strand saß, machte ich mir Gedanken über unsere Beziehung. Ist es nicht merkwürdig, daß man erst in die Jahre kommen muß, um den Wert eines Partners richtig einschätzen zu können. Man weiß ja, daß ich kein Kind von Traurigkeit war und unsere Ehe manchen Sturm zu verkraften hatte. Aber damit ist Schluß. Ich bekenne freimütig, daß ich meiner Susanne viel zugemutet habe und heute mit fünfundsechzig dankbar bin, daß sie mir meine Eskapaden verziehen hat und bei mir geblieben ist. Ich hoffe, daß sie mir auch in Zukunft zur Seite steht und mir hilft, meine Krankheit zu überwinden. Ich bin auf dem besten Weg dahin.

Es ließ sich aber nicht verhindern, daß ich auch die schlimmen Seiten des Alkoholismus kennenlernte. Damals, als ich zu Professor Kielholz nach Basel flog, hockte ich erst zwei Tage und Nächte völlig durcheinander im Hotel, litt unter grauenvoller Angst und schluckte, was das Zeug hielt, bevor ich meinen Agenten Terry Toger aufforderte, mich unverzüglich – notfalls auch gegen meinen Willen – in die Klinik zu bringen.

Es war allerhöchste Zeit.

Die mächtigen Vögel, die beim Verlassen der Taxe über meinem Kopf kreisten und gegen deren Angriffe ich mich mit beiden Händen zu schützen versuchte, waren letzter Beweis für ein lebensbedrohliches Stadium von Alkoholsucht, das ich erreicht hatte.

Ich landete in einer Spezialzelle der Psychiatrischen Universitätsklinik Basel. Gummierte Wände, gummierter Boden, eingesperrt, allein gelassen. Noch heute wird mir schlecht, wenn ich daran denke. Ich will aber bewußt davon sprechen, weil ich verhindern möchte, daß andere in dieselbe Situation geraten. Ich will ein abschreckendes Zeugnis geben.

Professor Kielholz erklärte mir später, nachdem er mich wieder auf die Reihe gebracht hatte, daß man solche Delirium-Anfälle kaum ein zweites oder drittes Mal überstehen kann. Es gibt dann keine Möglichkeit mehr, den Kranken aus den Wahnvorstellungen zurückzureißen, er verbleibt im Endzustand seiner gestörten Vorstellungen und leidet für den Rest seines Lebens an den Folgen seiner Alkoholexzesse.

Schöne Aussichten.

Später, als ich verlegt werden konnte und eine Beruhigung eingekehrt war, traf ich Prinz Claus der Niederlande. Wir redeten viel über Gott, die Welt, Gemütszustände, äußere und innere Einflüsse, denen man ausgesetzt ist, über Tage und Nächte voll Unendlichkeit, Sinnlosigkeit und Tristesse.

Als ich mich von Professor Kielholz verabschiedete, sagte er ohne Schnörkel zu mir: »Schenken Sie mir Ihr Gehirn, Herr Juhnke – wenn Sie einmal tot sind. Ich möchte herausfinden, woher Sie die Chuzpe nehmen, so zu leben, wie Sie leben. Und melden Sie sich zwischendurch wieder, wenn ihre Durststrecke aufkeimt und die Kehle austrocknet. Kommen Sie zeitig, damit wir vorbeugen können.« Und noch etwas sagte er: »Sie sind kein Alkoholiker, Herr Juhnke. Sie sind wie der berühmte englische Schauspieler Edmund Kean, über den Alexandre Dumas im ersten Drittel des 19. Jahrhunderts ein Drama verfaßt hat, ein Schauspieler, den seine Shakespeare-Ambition und sein wildes, rücksichtsloses Leben gegen sich selbst bekannt gemacht haben. Er war wie Sie im Oberstübchen überbesetzt, hat den Alkohol geliebt, aber er konnte ihn auch von sich weisen und über lange Strecken trocken bleiben.«

Das kann ich inzwischen auch. Daß es mir nicht schwer fällt, verdanke ich Professor Kielholz und seinen Kollegen in Berlin.

Billy Wilder, für mich nach Ernst Lubitsch der größte Filmkomödien-Regisseur, sagte einmal, daß Alkoholiker schwerkranke Menschen sind und nichts mit den fröhlich-beschwipsten Zechern gemein haben. Wilder wußte, wovon er sprach, denn er hatte sich anläßlich der Drehbucharbeit zu seinem mit vier Oscars ausgezeichneten Film »The Lost Weekend« eingehend mit diesem Thema beschäftigt. Ray Milland, in der Rolle des alkoholkranken Schriftstellers Birnam (er erhielt dafür den Oscar), lieferte eine faszinierende Menschenstudie: Der einsame Schreiber in New York, von Deliriumphantasien gequält, trockengelegt, weil die Feiertagssperre der Schnapsläden ihn am Erwerb der rettenden Flasche hindert. Ein Welterfolg. Vielleicht auch deshalb, weil viele Alkoholkranke sich in diesem Mann erkannt haben.

Zurück auf die Insel

Der weltberühmte Jamaica-Rum hatte also keine Chance. Um so mehr genossen Susanne und ich die kilometerlangen weißen Palmenstrände, die Reggae-Musik und unseren direkt am Meer gelegenen Bungalow des Hotels »Half Moon« in der Nähe von Montego Bay.

Als Frühaufsteher düste ich schon um 6 Uhr morgens in die Fluten der Karibik, zehn Meter vom Schlafzimmer entfernt, 29 Grad Celsius. Bis zu zwei Kilometer schwamm ich ins Meer hinaus und hatte Glück, wie man mir später versicherte, daß ich den »Jelly-Fischen« nicht begegnet bin, die wie Feuerquallen brennende Entzündungen hervorrufen, wenn man von ihnen berührt wird.

Spaziergänge, Segeltouren mit einem Katamaran und Ausflüge in die Umgebung gehörten zum Programm. Ein Bambusfloß brachte uns auf dem Brae-Fluß ins Landesinnere zu einer Jause mit frischen Früchten und frischen Säften. Herrlich!

Unser Rückflug ging über Miami nach Florida, wo ich eine sichere Cadillac-Limousine charterte, mit stadtkundigem Chauffeur und einem Sicherheitsbeamten. Es heißt, da passiert so allerhand, dem ich uns nicht aussetzen wollte. Wir hatten zwar keine Angst, aber Vorsicht ist immer noch besser als Nachsicht. Und Risiken geht man besser aus dem Weg.

Wieder in Europa, führte mich der Weg nach Österreich. Leider fehlte den »Salzburger Nockerln«, die ich in der schönen Festspielstadt konsumiert habe, die ganz spezielle Leichtigkeit. Diese Schleckerei, eine luftig-duftige Zucker-Eierschnee-Komposition, die eigentlich nicht von Hand serviert werden darf, weil sie von ganz allein durch das aufschwingende Küchentürl zum zungenschnalzenden Gast hereinschweben muß, bedarf eines glücklichen Händchens, das meist nur an K. & K.-Tatorten anzutreffen ist. Die Väter der gleichnamigen TV-Serie, in der Sissy Höfferer die Wirtin Caroline des berühmten »Café Tomaselli« spielt, hatten es nicht. Schade.

In dem RTL-Special »Das Double« wanderte ich auf den Spuren von »Superman« und »Batman«. Christine Kaufmann, die sehr komisch sein kann, war meine Partnerin. Regie führte wieder Ralf Huettner, den ich schon bei unserem preisgekrönten Film »Der Papagei« schätzen lernte. Ich hatte so viele Verkleidungen in dieser Verwechslungskomödie zu tragen, daß ich manchmal Schwierigkeiten hatte, die Typen auseinanderzuhalten.

Der »Playboy« brachte zur selben Zeit ein Interview. Der Titel war ganz witzig: »Phoenix aus der Asche«. Na bitte.

Gleichzeitig begann ich mit Proben am Kurfürstendamm-Theater.

Die Karibik verstaute ich in meinem Computer, Abteilung »schöne Erinnerungen«, ich rufe sie mir immer dann ins Bewußtsein, wenn es in Berlin wieder einmal wochenlang schüttet und meine blaugefrorene Nase vergeblich Witterung nach süßen Früchte- und Blumendüften aufzunehmen versucht. Man könnte dort irgendwo ja seinen Lebensabend verbringen, das Problem ist nur, daß mir die schönste Schönheit nach einer Woche auf den Geist geht und ich dann nichts mehr mit ihr anzufangen weiß. Kein Theater, kein Studio, keine Showauftritte, keine Schlagzeilen – also wissen Sie, nee, das ist nichts für mich. Ich kann ohne meinen Beruf nicht leben, das weiß ich heute mit fünfundsechzig. Ich ginge dort in Schönheit unter, denn ich bin ein schwacher Mensch und würde eventuell, aus Gründen mich anschleichenden Heimwehs nach Berlin, doch den berühmten Jamaica-Rum verkosten ... Besser nicht. Apropos Regen, Salzburg besuche ich immer wieder einmal. Die Festspiele sind voll verlockender Angebote, und ich treffe dort gern österreichische Kollegen, die Theater und Konzert vom Feinsten bieten. Natürlich weiß ich, wo es die echten »Salzburger Nockerln« gibt. Meine Geheimadresse ist der »Grammel-Wirt«, wo man schon beim Eintreten ordert, platzt, plaudert, nach einer Weile auf die Uhr schaut, dann nämlich, wenn die Schaumwuckerl fertig sein dürften, nach Fiakerart pfeift und – wenn man die Garzeit einigermaßen getroffen hat, die karamelisierten Burschen vom Wirt gratis serviert bekommt. Bis jetzt habe ich drei Treffer gelandet.

Ich bitte um Nachsicht, aber ich bin leider nicht autorisiert, die Adresse dieser sensiblen Schmankerlwerkstatt zu verraten. Und »Grammel-Wirt« ist natürlich ein Pseudonym – versteht sich.

»Des Kaisers neue Kleider« hieß ein Kino- und TV-Film, der mich und meine Frau Susanne in die Ex-CSSR führte, genau nach Mähren, wo auch große Kochkünstler zu Hause sind. Der Film nach dem berühmten Märchen von

Hans-Christian Andersen wurde von Juraj Herz inszeniert. Wir wollten auf humorvolle Weise ein Stück Zivilcourage zeigen, das damals wie heute rar zu sein scheint. Ich spielte den Kaiser, der sich in prächtigen Kleidern wie ein Unmensch gebärdet, während er ohne dieses Blendwerk äußerst menschlich ist.

Der Autor hatte sich die Mühe gemacht, eine Vielzahl von Begriffen aus der textilen Szene sprechen zu lassen, Redensarten wie »aus dem Ärmel schütteln« oder »verflixt und zugenäht«.

Der mährische Ort Cesky Krumlov lieferte die Außenmotive, die Palastaufnahmen fanden im Schloß Vranov statt, zwei ideale Schauplätze, die bis ins kleinste Detail stimmten. Andréa Ferreol, berühmt aus dem Film »Das große Fressen«, spielte die machtgierige Herzogin, die den Kleiderwahn des Kaisers durch immer neue Steuern der Bürger finanzieren läßt.

Im Dezember 1993 war Premiere der schon zitierten »Sonny Boys« von Neil Simon in der Berliner Komödie am Kurfürstendamm. Wolfgang Spier spielte den Spießer Al, ich war Willie, der Besserwisser und Schlamper. Wir spielten bis Ende März 1994 vor ausverkauftem Haus.

Berlins erste »Sonny Boys« waren 1975 Martin Held und Bernhard Minetti. In München feierten Heinz Rühmann und Paul Verhoeven 1982 Triumphe auf der Bühne der Kammerspiele in der Maximilianstraße. Siegfried Lowitz und Karl Schönböck folgten 1986. Johannes Heesters und Carl-Heinz Schroth spielten in der Fernsehfassung von Rolf v. Sydow, und Walter Matthau und George Burns landeten damit einen Kino-Welterfolg. Die Neuverfilmung mit Jack Lemmon und Walter Matthau habe ich an anderer Stelle schon erwähnt.

Auch unsere Berliner Aufführung werden Sie demnächst auf dem Bildschirm sehen können. Das ZDF hat aufgezeichnet. Noch ein paar Worte zum Inhalt, damit Sie auch wissen, was Sie sich da antun.

Die Komiker Willie und Al haben dreiundvierzig Jahre

zusammengearbeitet. Nun haben sie sich seit elf Jahren nicht mehr gesehen und seit zwölf Jahren nicht mehr miteinander gesprochen. Die beiden alten Zausel, die sich eigentlich nicht ausstehen können, sind voll gegenseitiger Vorwürfe. Jeder glaubt, des anderen Karriere auf dem Gewissen zu haben, wobei ein Zeigefinger eine Rolle spielt, mit dem Al zur Untermalung seines Bühnentextes Partner Willies Brust traktiert. Schlußendlich obsiegt die Lust der Komiker-Veteranen, noch einmal vor der Kamera zu stehen, und läßt die Aversionen vorübergehend verschwinden. Ein Nichts von Stück, mit einem genialen Witz-, Wort- und Pointenreichtum.

Abends auf der Bühne, tagsüber vor der Fernsehkamera – so hab' ich das gern.

Meine Frau Susanne weniger.

»Zwei alte Hasen« ist der Titel der ZDF-Serie, die wir ab Februar 1994 drehten. Mein Partner Heinz Schubert, unvergessen als »Ekel Alfred«, und ich spielen zwei Ganoven, die's mächtig hinter den Ohren haben. Als Bankräuber Paul wandle ich auf Jean Gabins Spuren. Wir sind zwei (Ost-)Berliner Gentleman-Ganoven, mit klassischer Grundausbildung fürs Gewerbe, kennen uns schon aus der Kindheit und haben uns durch Trickbetrügerei und Taschendiebstahl die nötige Ausbildung angeeignet. Später wurden wir zu einem perfekten Panzerschrankknacker-Duo, das den berühmten Überfall auf den Goldschatztransport der DDR-Staatsbank landete.

Daß ich endlich auch mal im Mittelpunkt einer Krimiserie stehen will, werden Sie verstehen. Ich denke als Privatdetektiv à la »Columbo« bzw. »Philipp Marlowe«, an fein und differenziert gehäkelte Fälle, deren Lösung Grips und Phantasie erfordert, an Geschichten, deren Pointe darin besteht, daß man als Zuseher nicht gleich von Anfang an weiß, wer der Übeltäter ist. RTL-Chef Dr. Thoma hat mir ein interessantes Angebot gemacht. »Tucker« soll die Serie heißen.

Mal sehen.

Im übrigen ist es wieder einmal Zeit für eine Geschichte.

Gesellschafterin gesucht *oder:* Nach allen Seiten offen

An den wohlig-weichen,
kühl-warmen Brüsten
meiner Lieblings-
sklavin verdämmere ich
im Urnichts.

Arno Holz

Dies ist eine Geschichte aus dem Leben eines elastischen Menschen.

Toni studiert Stellenangebote, er wird fündig: »Gesellschafterin gesucht«.

Toni ruft an: »Darf's auch ein Gesellschafter sein?« Fehlanzeige.

»Gräfin Kippenberg-Zollstock kann Männer nicht ausstehen«, wird ihm beschieden. Toni tut hilfreich, erwähnt eine entfernte feine Tante, die solcherlei Tätigkeit schon einmal ausgeführt habe. Er fragt nach der Adresse und verspricht, die Tante vorbeizuschicken.

Die Gräfin, eine herbe Lady, Weltmeisterin im rücksichtslosen Rollstuhlherumfuhrwerken, ist grauenvoll unordentlich und als Familientyrann verschrien.

Die Gesellschafts-»Dame« bekommt den Job.

Gräfin: »Wenn man so eine Herrenreiter-Figur wie Sie hat, sollte man sich etwas dezenter kleiden, meine liebe Antonie.« Toni als Antonie steckt erst mal weg.

Gräfin: »Ich bin reich, alt, geizig und Witwe. Mein teurer Gemahl steht dort auf dem Kaminsims.«

Sie deutet auf eine Urne.

Gräfin: »Machen Sie mir einen Drink.«

Antonie tut es geschickt wie ein Barkeeper. Die Gräfin beobachtet fasziniert.

Gräfin: »Machen Sie sich auch einen –«

Antonie: »Vielen Dank.«

Gräfin: »Auf gutes Auskommen, meine Liebe.«

Antonie: »Auf gutes Auskommen, Gräfin.«

Gräfin: »Mann, haben Sie große Füße!«

Antonie: »Warum sagen Sie Mann zu mir?«

Gräfin: »Nur so 'ne Redensart. Sind Sie lesbisch?«

Antonie: »Das hätten meine Eltern nie erlaubt.«

Gräfin: »Wie töricht. Na ja, was geht's mich an.«

Die beiden Damen finden sehr schnell gemeinsame Interessen. Da ist die Vorliebe für harte Drinks, Songs von Madonna, feinformulierte Anzüglichkeiten angelsächsischer Art und knallharte, blutige Mitternachtskrimis mit vielen Leichen.

Tausende Ameisen-Modelle zieren die Gemächer. Antonie erfährt, daß die Gräfin sich für die Erforschung der sogenannten Spring-Ameise engagiert. Eine seltene Spezies, der die Gräfin eine große Zukunft voraussagt.

Der Bevollmächtigte der gräflichen Familie bittet Antonie um eine vertrauliche Unterredung. Dabei erfährt Antonie, daß die Sippe in Angst davor lebt, beim Ableben der alten Dame nicht beerbt zu werden. Man befürchtet, daß alles – und das ist nicht wenig – den Spring-Ameisen hinterlassen wird. Falls Antonie, die inzwischen das Vertrauen der Gräfin gewonnen hat, die Absichten der alten Schrulle herausfindet und die Gräfin zu einer für die Familie günstigen Entscheidung motiviert, könnte sie mit zehn Prozent vom Ganzen rechnen. Antonie verspricht, ihr Bestes zu tun – was immer das sein mag.

Zigarrenrauch füllt den Raum, wenn die Gräfin mit

Antonie den Tee nimmt. Die Damen smoken schmale lange Zigarillos und halten den Teeanteil im rumgefüllten Täßchen atemberaubend niedrig.

Während so einer vertraulichen »Tea-Time-Konversation« kommt Antonie, mit Hilfe des echten Jamaica-Rums, eine Idee zu sehr in Fahrt. Vor Begeisterung über einen besonders trefflich gelungenen »Dirty Joke« der Gräfin versetzt sie dem durchlauchtigsten Rücken einen Klapps von der eher unter Männern üblichen Art, was zur Folge hat, daß der Edelfrau das kombinierte »Perücke mit Hut-Teil« vom Kopf fliegt und den Blick auf eine blitzblank polierte Birne freigibt.

Erst Erstaunen – dann große Heiterkeit auf beiden Seiten.

Antonie ist zunächst sprachlos.

»Ich bin der tote Graf«, stellt die feine alte Lady ohne ein Anzeichen von Betroffenheit fest.

»Und die Gräfin, Graf?« fragt Antonie etwas bleich im Gesicht.

»Sie ist vor einiger Zeit einem Herzschlag erlegen. Als ich das Testament las und erfuhr, daß sie ihr ganzes Vermögen der Erforschung der Spring-Ameisen und deren Liebesleben hinterlassen wollte, habe ich ihr Sachen von mir angezogen und sie als Graf einäschern lassen. Dort oben auf dem Kamingesims steht sie, meine Edelbertha. Ich hab' sie geliebt, sie hat mich als armen Schlucker vom Bartresen des ›Negresco‹ in Cannes weggeheiratet. Ich bin Keeper, habe 1126 eigene Drinks komponiert, bin Träger der goldenen Olive und des Platinlöffels. Das ist schon was – glauben Sie mir...«

Antonie: »Was machen wir nun? Bin ich gefeuert?«

Graf: »Aber meine Gute, wie kommen Sie denn auf so was. Zunächst verschließen Sie mal die Türe, damit uns keiner lachen hört und die Familie mich nicht oben-ohne sieht.«

Antonie tut es. Im gleichen Augenblick klopft jemand.

Frauenstimme: »Liebste Tante, ist alles in Ordnung? Warum hast du dich eingesperrt?«

Gräfin: »Ich habe mich nicht eingesperrt, Süßilein, ich habe euch ausgesperrt. Verschwinde!«

Antonie: »Ich brauche jetzt einen Drink. Wie steht's mit Ihnen?«

Gräfin: »Gute Idee. Trinken wir auf die Tatsache, daß Sie, meine liebe Antonie, nunmehr wissen, daß ich ein Mann bin und ich von Ihnen erwarte, daß Sie das zu würdigen wissen, nicht wahr?«

Der Graf lächelt verheißungsvoll, kneift ein Auge und Antonie in den Hintern.

Antonie empört: »Ich bin Ihre Gesellschafts-, nicht Lustdame, Graf, merken Sie sich das. Zudem war ich äußerst glücklich verheiratet, mit einem Baßbariton. Ich bin ihm über den Tod hinaus treu.«

Gräfin: »Haben Sie Angst, daß er vorzeitig reinkarniert und Sie in flagranti erwischt?«

Später, in der Nacht.

Antonies Zimmer, sie schläft, wälzt sich unruhig hin und her. Plötzlich steht ein Mann vor ihrem Bett, setzt sich auf die Kante, neigt sich zu ihr, küßt ihr die Stirn. Antonie fährt wie vom Blitz getroffen hoch, dem Küsser ins Gesicht, macht Licht.

Antonie wundert sich schon wieder. Die falsche Gräfin kann auch laufen.

Gräfin: »Edelbertha war gelähmt. Ich bin ein toller Sprinter gewesen. Silber für 100 Meter in Monte Carlo, Gold für 500 Meter Hürde Ex-DDR. Nachts muß ich mich ein bißchen bewegen. Mir schläft sonst alles ein. Entschuldigen Sie die Störung.«

Die falsche Gräfin setzt sich in den vollautomatischen Rollstuhl und donnert geräuschlos davon.

Der nächste Tag.

Der Neffe erkundigt sich bei Antonie nach dem Stand der Entwicklung in Sachen Tante und Erbfolge.

Antonie: »Ich arbeite an der Sache. Ich nehme übrigens zwanzig Prozent.«

Antonie hat ihren freien Tag. Als Anton sitzt die Gesellschafterin im Café. Ein eleganter, gutaussehender, gepflegter Gentleman tritt ein – und setzt sich neben Anton, auch Toni genannt.

»Als Mann sind Sie nicht halb so attraktiv, Antonie«, stellt der weißhaarige Toupetträger fest und bietet ein Zigarillo an.

»Seit wann wissen Sie, Graf?« fragt Toni.

»Seit ich an Ihrem Bettrand saß, Ihre Bartstoppeln und die abscheulich großen Füße mit den häßlichen Zehen sah.«

»Ich bin Schauspieler, durch Zufall frei, Sie verstehen? Da kommt man auf die ausgefallensten Ideen«, entschuldigt sich Toni.

»Pappalapapp! Ich bin froh, daß Sie in mein Leben getreten sind. Sie haben Phantasie, das gefällt mir.«

Er wendet sich an den Ober, ordert zwei große Martinis, ohne Martini.

Graf: »Ich mache Ihnen einen Vorschlag, mein Lieber: Wir spielen das Stück weiter wie gehabt, wir haben unseren Spaß, wir reisen zusammen, wir trinken, rauchen, speisen und lachen zusammen. Sie verpflichten sich, mir bis zu meinem Ende zur Seite zu stehen, und ich setze Sie dafür als meinen Universalerben ein. Die zehn Prozent, die Ihnen mein Neffe versprochen hat, können Sie ihm ja dann von Ihren hundert Prozent abgeben. Vielleicht können Sie auch noch etwas für die Erforschung des Liebeslebens der Spring-Ameisen abzwacken – das überlasse ich Ihnen.«

Anton: »Woher wissen Sie das mit dem Neffen?«

Graf: »Ich weiß alles, was in der Familie vorgeht. Schließlich gehöre ich nicht dazu.«

Anton denkt nach. Der Graf drängt ihn nicht. Nach einer Weile stellt Anton fest: »Eine Traumsituation für Päderasten. Schade, daß wir nicht schwul sind ...«

Der Graf winkt ab: »Ach, lassen Sie mal, mein Lieber. Wie heißt es so schön in Billy Wilders Film ›Some Like It Hot‹: Nobody is perfect! Tragen wir also unser Schicksal mit Würde – und was nicht ist, kann ja noch werden.«

»Nobody knows«, stellt Anton fest.

»Apropos tragen«, sinniert der Graf, »wo tragen Sie eigentlich, links oder rechts?«

»In politisch so unsicheren Zeiten muß man sich vorsehen«, entgegnet Anton, »ich trage beidseitig – und manchmal in der Mitte.«

»Sie sind clever, Anton.«

»Ich weiß«, antwortet der, prostet dem Grafen zu, leert sein Glas.

»Wir sollten noch einen nehmen, bevor wir zum Champagner übergehen«, sagt der Graf. Er bekommt für seinen Vorschlag das zustimmende Lächeln seines neuen Lebensgefährten.

»Zu Befehl, Sir«, sagt Anton lustig, »you are the captain.«

Sind wir in die Jahre gekommen? *oder:* Von nichts kommt nichts

Allen ist das Denken erlaubt.
Vielen bleibt es erspart.

Curt Goetz

In meiner »Menschheitsbetrachtung« sind wir bei dem »Reifen« angekommen. Ich gehöre inzwischen auch dazu. Das Schlimmste für manch Älteren ist nicht, daß er älter wird, sondern daß er jung geblieben ist. Älterwerden wollen wir alle, aber keiner will alt sein. Der große österreichische Schauspieler Richard Romanowsky hat auf die Frage, wann er sich zum ersten Mal alt gefühlt habe, geantwortet: »Als ich einem hübschen Mädchen zuzwinkerte und sie mich teilnahmsvoll fragte, ob mir etwas ins Auge geflogen sei.«

»Je schlechter die Augen werden, desto klarer kann ich denken«, sagt Will Quadflieg.

Aufgepaßt, Freunde: An der Vergangenheit sollte man nicht mehr Freude haben als an der Zukunft.

»Das Alter ist ein Aussichtsturm«, sagt Hans Kasper. Das stimmt. Viele leben dort oben, einsam oder zweisam, und blicken resümierend auf die weite Fläche ihres Lebens.

Stellt sich Weisheit ein? Sollte schon sein. Reife bringt Klarheit – auch über sich selbst. Die Zeit ist kostbarer geworden, will genützt werden. Keine Fisimatenten, keine Floskeln, keine Schnörkel, keine Ungereimtheiten, kein Sichgehenlassen. Nur noch die feine Form: klar, kurz und bündig, wohlformuliert, höflich, klug und weise. Spätes Glück braucht die Gemeinschaft mit einem anderen Menschen.

Ziehen Sie in dieser Phase nicht nur Konsequenzen. Das Alter bringt Käuze hervor. Viele Kino- und Theatererfolge künden davon. Ihr Charme und Witz ist bekannt. Ich weiß, wovon ich rede, denn ich habe schon vor geraumer Zeit angefangen, diese Typen zu spielen. Oft sind sie frech, unternehmungslustig und verfügen über ein unfaßbares Temperament.

Es gibt schadenfrohe und scheinheilige Alte.

Es gibt Quasseltypen und große Schweiger.

Es gibt Dummköpfe und Besserwisser.

Es gibt Mitleiderreger und Fröhlichkeitsfanatiker.

Sie sind natürlich ganz anders. Sie sind der sanfte, gutmütige Homo sapiens, dessen Rat gesucht, dessen Lebenserfahrungen geschätzt werden, der freundlich, offen und nachsichtig durch die lauten Tage einer immer lauter werdenden Zeit geht, selbstverständlich geachtet, geliebt und respektiert.

Woran merkt man eigentlich, daß man älter wird? Zum Beispiel daran, daß die Neugierde nachzulassen droht und die Lust am Nachfragen schwindet. Bleiben Sie unter allen Umständen neugierig – auch wenn es Mühe macht bei dem Überangebot an Information durch die Medien oder beim Nachbarn Kopfschütteln hervorruft. Wer in frühen Jahren damit angefangen hat, sein Gehirn zu trainieren, hat später die Chance, sich an seinen Namen zu erinnern. Das ist doch schon etwas.

Mangelndes Interesse an allem ist ein alarmierendes Zeichen. Wir Schauspieler sind da im Vorteil, weil unser Gedächtnis durch das Rollenstudium trainiert wird. Ich nenne das Gehirnjogging. Minetti, der mit fast neunzig Jahren zwei Stunden auf der Bühne monologisiert, ist ein Beweis dafür.

Aus dem Sport wissen wir, daß Körperteile, die nicht laufend trainiert werden, verkümmern. Das menschliche Gehirn macht da keine Ausnahme. Eine Zehn-Minuten-Übung täglich hält die kleinen grauen Zellen munter und aufnahmefähig. Besser denken bedeutet schneller reagieren.

Der ältere Mensch braucht nicht viel Schlaf. Also dösen Sie nicht im Bett, auf der Couch oder in einem Sessel herum, gehen Sie lieber vor die Türe, an die frische Luft. Atmen Sie aus, was raus muß, sagt mein Doktor.

Fangen Sie nicht plötzlich mit Sport an, das bringt nichts mehr. Aber Gymnastik ist toll – und Schwimmen. Aber Vorsicht, wenn's zieht.

»Das Lüngerl«, sagt der Graf Bobby, »hat sich verkühlt, weil ich ein Loch im Jackett hab', Herr Doktor.«

Vernünftig essen. Weniger von allem. Mageres ist angesagt, auch magerer Alkohol. »Rauchen Sie weniger, aber besser und länger, machen Sie einen Kult daraus, eine Philosophie«, sagt Zino Davidoff.

»Da zünd' ich mir ein kleines Zigarettchen an, und blas' die Wölkchen vor mich hin...«, singt mein neunzigjähriger Kollege Johannes Heesters – und er tut es, bei einem Schlückchen Champagner. »Der ist gut für den Kreislauf«, sagt er. Prost, Jopie! Und Sie, meine Damen, mit einer Spreize (wie de Kowa die Zigarette nannte) im zarten Händchen, den heißen Hochdruckkaffee, auch Espresso genannt, vor sich auf dem winzigen umfallfreudigen Caffé-Bar-Tischchen bei »Ihrem« Italiener, die immer noch hübschen Beine übereinandergeschlagen, ein Modejournal für schmale Rehe vor sich und die munteren Äuglein überall – auch Sie sollten sich vom Reiz und Schick der Szene, vom professionellen Charme der lächelnden Schwarzhosen-Weißhemdenträger mit ihren bodenlangen Schürzen nicht überfordern lassen. Allzuviel von diesem herrlich schmeckenden Caffé-Konzentrat könnte Ihr Herz in Verlegenheit bringen, das so stürmische Attacken nicht mehr gewöhnt ist. Vielleicht aber werden schöne Erinnerungen wach, die Ihnen die Erregung wert sind. Gehen Sie unter die Leute, Sie hören was, sehen was, regen sich an – aber bitte nicht auf.

Reden ist wichtig, damit man es nicht verlernt. Muffeln ist uncharmant, verdirbt die Laune und den Gesichtsausdruck.

Fernsehen ist Glückssache. Tun Sie sich nur an, was Sie wirklich interessiert oder unterhält, zum Beispiel – na, Sie wissen schon. Einige Politiker haben inzwischen einen derart hohen Unterhaltungswert bekommen, daß sie uns Komödianten Konkurrenz machen. Die dürfen Sie auch angucken.

Gehen Sie in die Natur, solange es sie noch gibt. Viele Ignoranten arbeiten an ihrer Vernichtung. Sprechen Sie mit den Blumen, den Sträuchern, den Bäumen. Und vergessen Sie die Tiere nicht, sie waren vor uns da, sie brauchen uns – leider.

Haben Sie Zeit für andere. Die größten Menschen sind diejenigen, die anderen den Weg weisen. Das mag oft schwerfallen, wenn man selber Probleme hat.

Luther sagt:

»Schweig, leid, meid und vertrag,
dein Not allein Gott klag!
An Gott ja nicht verzag,
dein Glück kommt alle Tag.«

Vorsicht vor Selbstüberschätzung. Wer nur an sich selbst glaubt, übernimmt sich. Illusionen lassen Sie weg. Sie sind der Dilettantismus der Gefühle.

»Mit einem kritischen Freund an der Seite kommt man immer schneller vom Fleck«, sagt Goethe.

Sie haben so einen Freund.

»Freundschaft währt länger als Liebe«, sagt Thomas Mann. Finden Sie es heraus.

Genieren Sie sich Ihrer Fehler nicht.

Eigensinn und Rechthaberei nerven.

Eilig sollten Sie es auch nicht haben. Die Eile ist die Mutter der Unvollkommenheit, heißt es.

Eitel? Sind Sie eitel? Nicht doch. Wenn Sie anfangen, sich selbst zu Ihrem Glück zu gratulieren, dann ist Eitelkeit gefährlich.

Courage ist gut, und Ausdauer.

Daheim sind Sie da, wo Sie sich wohl fühlen. Das kann überall sein.

Korrespondieren Sie. Die Post freut sich über jede Mark. Man kann Freunde auch brieflich in die Arme nehmen. Ein

Komma, an der richtigen Stelle, ist wie ein Streicheln der Wangen, ein Punkt wie ein Kuß. Bescheidenheit ist der Anfang der Vernunft.

Lachen Sie über sich selbst, Sie sind komischer, als Sie denken. Wenn Sie Ihre Portion bisher nicht entdeckt haben, ist es höchste Zeit.

Reife Menschen sollten wie Museen sein: Die Fassade ist nicht so wichtig, auf die Schätze im Innern kommt es an.

Merke: Was man genossen hat, kann einem keiner nehmen. Verzicht ist keine Tugend – eher das Gegenteil.

Hilfsbademeister Otto *oder:* Wie ist Ihr Verhältnis zum Wasser?

Der Mensch ist vielerlei,
aber vernünftig ist er nicht.

Oscar Wilde

Daß mir schon wieder eine »Wassergeschichte« in den Sinn kommt, hängt sicherlich damit zusammen, daß ich dieses Element über alles liebe und als Quelle der Inspiration und des Wohlbefindens schätze. Mittelpunkt der kleinen Begebenheit ist Wiens imposantes Volksbad, das man einfach besucht haben muß, wenn man »a Hygien drauf hat«.

Der Bademeister Otto ist neu im Haus, sein erster Arbeitstag beginnt damit, daß er in der Kleiderkammer des städtischen Wasseretablissements eingekleidet wird. Der Oberbademeister Lungerer verpaßt ihm persönlich die Klamotten, bestehend aus einer langen weißen Flatterhose, einem weißen Hemd, weißen Gesundheitsklapperl (für Norddeutsche: Sandalen) und einer schwarzen Trillerpfeife. Otto reklamiert leicht wienerisch akzentuiert: »Wieso ist das Pfeiferl schwarz? Paßt doch gar nicht zur Uniform? Es gibt weiße Flöten, Schlagzeuge, weiße Flügel, denkens' bloß an Jürgens, den Udo ...«

Ein strenger Oberbademeisterblick trifft ihn. Rigoros unterbricht er: »Der arbeitet nicht bei uns.«

In geblähter Amtssprache fragt der »Ober« den Otto: »Wie, bitte, ist Ihr Verhältnis zum Wasser?«

Otto schaut wie ein Hamster: »Das ist vielleicht eine Frage: I hab' ihm gern, nur nicht im Wein, da stößt er mich auf...«

Auch in Wien haben Oberbademeister wenig Humor: »Wir sind hier nicht im Wirtshaus, Herr Otto, sondern im Badehaus. Sie sollen das Wasser nicht saufen, sondern sauberhalten.«

Otto kapiert sofort: »Ja ja, die lieben Kinderl, ich weiß schon, man war ja selber einmal jung. Wir sind auch nicht jedesmal, wenn's zwickt hat, aufs Häusl g'rannt – na ja, man hat's ja vom Papá nicht anders g'lernt, haha ...«

Der Oberbademeister rümpft die Nase, als röche er etwas, geht auf Distanz: »Urinieren im Bassin wird strafrechtlich geahndet.«

Otto wiegt das Haupt. In einem Anflug von Bitterkeit sagt er wehmütig: »Schrecklich, schrecklich, alles, was früher einmal selbstverständlich war, wird heutzutag kriminalisiert. Früher hat's a Watsch'n dafür gegeben, heut gibt's lebenslänglich ...« Der Oberbademeister schüttelt den Kopf: »So ein Schmarrn. Sind Sie Leistungssportler, haben Sie irgendein Abzeichen gemacht, sich irgendwie sportlich hervorgetan?«

Otto sofort: »Aber ununterbrochen ...«

Er holt Luft, bläht sich, mimt den Muskelmann: »I hab' in derselben Straßen g'wohnt wie der Arnold Schwarzenegger ...«

Dann muß die Luft raus, Otto sinkt zusammen, bläht sich noch einmal und gibt weiter Auskunft über sein »Leistungssportlerleben«: »I bin a Ringer, Herr Ober ... (der Oberbademeister schaut indigniert) ... bademeister Lüngerl ...«

»Lungerer«, korrigiert der den Angesprochenen zornig.

»Entschuldigen S', Herr Oberbademeister Lungerer. In meiner Familie haben alle g'rungen, jeder um was anders. Sie wissen's äh, das Leben ist ein einziger Ringkampf, und manch einer ist schneller im Schwitzkasten, als er denkt ...«

»Ihre Philosophie interessiert mich einen Kas«, sagt der Beamte unwirsch. »Sie fangen jetzt Ihren Dienst an. Uhrenvergleich: Auf den Punkt ist es zwölfe Mittag. Um drei machen Sie Jause, da löst Sie der Kollege Slezak ab. Der stottert zwar, was aber weiter nicht stört, weil er glücklicherweise auch noch stumm ist. Achten Sie darauf, daß das Badereglement eingehalten wird – und zwar ausnahmslos ...«

Otto pflichtet bei: »Ausnahmslos!« Dann sagt er die möglichen Vergehen auf: »Nix Obenohne, nix Untenohne, nix Einspringen von der Seite!«

Der Oberbademeister nickt zufrieden. Dann wünscht er »Gut naß!«, betritt die Halle, rutscht zum Vergnügen der Kinder aus und landet auf dem Allerwertesten. Otto eilt behend zur Hilfe.

Der Dienst beginnt, Otto dreht Runden in der großen ornamentreichen Schwimmhalle, in der die Kinder lärmend herumfetzen. Ihm gefällt die Ausgelassenheit der Rasselbande – bis er den Blick des »Ober« spürt, sofort das Pfeiferl in den Mund steckt und sein schriller Pfiff alle erschaudern läßt. Sofort herrscht Ordnung und Ruhe wie auf dem Kasernenhof. Dann macht es Knack-Knack im Lautsprecher und die eher kastriert klingende Stimme des Wassergenerals scheppert durch die Halle wie Jacques Tatis Zugansage auf dem Bahnsteig in seinem herrlichen Filmvergnügen »Die Ferien des Monsieur Hulot«: »Ausgezeichnet, Herr Hilfsbademeister, weiter so.«

Natürlich gewinnt Otto die Sympathie der Kinder, denen er fast alles durchgehen läßt, wenn der Chef abwesend ist. Daß er versehentlich die Damensauna fegt und dort mit einer jungen Schönheit anbandelt, nimmt ihm eine alte Schachtel übel. Daß dann ein kleines Hunderl, das, auf welche Art und Weise auch immer, ins Bad gekommen sein mag, schwanzwedelnd mit Anlauf und gestreckten vier Beinen ins Bassin zum Herrchen hechtet, zieht einen Anschiß nach sich. Auch die Beschwerde eines Hauptmanns des österreichischen Bundesheeres, der seinen Rekruten lautstark Schwimmunterricht erteilt und von Otto zu etwas mehr Rücksichtnahme auf andere Badegäste aufgefordert wird, hat Folgen.

Der Oberbademeister stellt ihn zur Rede: »Wie kommen Sie dazu, einen Hauptmann des Bundesheeres zu rügen. Sind Sie deppert?«

Otto fühlt sich unschuldig: »Woran, bitteschön, erkennt man einen Hauptmann des Bundesheeres in der Badehose? Ja, wenn er wenigstens eine Offiziersmütze aufgehabt hätte ...«

»An seinem Auftreten, an seiner Gesinnung«, erwidert der Oberbademeister Lungerer.

Otto verteidigt sich: »Aufgetreten ist der Herr Hauptmann überhaupt nicht, weil er nämlich geschwommen ist – und die Gesinnung sieht man im Wasser nicht.«

Der Hauptmann meckert: »Der Mann ist Antimilitarist, unglaublich, und so was arbeitet in einer subventionierten öffentlichen Einrichtung an herausragender Stelle. Ich werde dafür sorgen, daß er in den Trockendienst strafversetzt wird. Vor solchen Individuen muß das Militär geschützt werden.«

Otto ist nicht so leicht aus der Ruhe zu bringen. »Recht so, Herr General. Für mich ist das Militär eine schützenswerte Pflanze, die sorgsam und mit Liebe gepflegt werden muß, damit sie keine Früchte trägt ...« Der Hauptmann geht empört davon, er raunzt: »Der Mann gehört an die Front!«

Wie gut, daß es in Österreich so etwas nicht gibt.

65 – und ein bißchen weise?
oder:
65 – und ein bißchen leise?

Bescheidenheit ist die letzte
Raffinesse der Eitelkeit.

La Bruyère

»Wenn der Herrgott nicht will,
nützt das gar nichts.
Sei schön still,
treib nicht um,
sag: es war nichts ...«

Das paßt in Wien genauso wie in Berlin. Die oberste Geschäftsleitung ist hier wie dort dieselbe. Seit ich das Lied kenne, das von der Elite der Wiener Kollegen populär gemacht wurde, in schwerer Zeit, vom unsterblichen Hans Moser über die wunderbaren Hörbigers bis zur grandiosen Paula Wessely, gehört es zu meinen Favoriten. Ein gescheiter Text, einfach und klar – eine kleine Philosophie.

Beim Heurigen zum Beispiel, mit meinem Freund Teddy Podgorski, Ex-Generalintendant des ORF, der mich in seinen kühnen Prophezeiungen immer am Burgtheater sieht, hör' ich es gern. Ein bisserl weinselig vom »Gschpritztn« – der nix tut –, bei Schrammelmusik, einem Lungenbraten – der nix mit der Lunge zu tun hat; in einer Runde Geschichtenerzähler – das is a Hetz', sag' ich Ihnen.

Der Podgorski hat mir immer Appetit auf Wien gemacht, er hatte auch schon ein »Stadtpalais« für mich ins Auge gefaßt.

»Wait and see«, singt Sinatra. So mach' ich's auch.

Leider kann ich nicht so schön singen wie Placido Domingo, wenn er der Donaustadt seine Reverenz erweist und Robert Stolz' Evergreen »Wien, Wien, nur du allein, du sollst die Stadt meiner Träume sein« vor Oberbürgermeister Zilks Rathaus in den sternenklaren »Sommernachtstraumhimmel« hineinschmettert.

Ich liebe Wien, ich könnte da leben, alternierend mit Berlin. Wien ist Hauptstadt wie Berlin, das spürt man. Die Leute in den Metropolen sind gelassener und unverkrampfter als anderswo, sind individueller, neugieriger und aktiver. Daß sie sich auch um Angelegenheiten kümmern, die sie nichts angehen, und sofort einen zynischen Kommentar zur Hand haben, stört mich nicht im geringsten. Ich teile meine Schwächen mit ihnen, sie die ihren mit mir. Das verbindet. Was dem Wiener seine freche »Goschn« ist, die er gern spazierengehen läßt, ist dem Berliner seine freche »Schnauze«, die nicht weniger munter unterwegs ist.

Als ich Mitte 1994 in Wien war, zur Aufzeichnung meiner Geburtstagssendung zum Fünfundsechzigsten, mit Susanne und meinen Söhnen Peer und Oliver, faszinierte mich das bunte, rege Kulturleben der Stadt. Eine Vielzahl von Theatern präsentiert erstklassige Inszenierungen, gespielt vor ausverkauften Häusern und einem begeisterungsfähigen Publikum. Mich beeindruckte die allgemeine Aufgeschlossenheit für die Kunst überhaupt, die richtige Bewertung und die Anteilnahme. Der ORF berichtet zum Beispiel täglich über aktuelle Ereignisse aus dem Kulturbereich, er strahlt erstklassige Kulturmagazine aus, von profunden Moderatorinnen und Moderatoren begleitet – Kunst und Sport halten sich die Waage.

Bei uns dominiert der Sport.

Besonders peinlich finde ich eine ältere Moderatorin, die nach dem Match mit den strahlenden Siegern ein regelrechtes Verhör anstellt. Solche Interviews nach Wettkämpfen sollten unter jungen Leuten geführt werden – mit Spaß, Laune und der für die Jugend typischen Sprache.

»Es lebe der Sport, er ist gesund und macht uns hart...«, karikiert mein österreichischer Freund Reinhard Fendrich den Sportler-Rummel. Ein großes Talent, von dem wir noch viel hören und sehen werden. Ich finde auch diese Duzerei und Kumpanei, die sich da eingeschlichen hat, degoutant. Warum Spitzenleute wie Michael Schumacher, Steffi Graf und Boris Becker sich das gefallen lassen, ist mir unverständlich.

Schauspieler unter sich – okay. Sportler unter sich – okay. Aber sonst – etwas mehr Distanz!

Johannes Heesters sagt in seiner Biographie »Ich bin Gott sei Dank nicht mehr jung« zum Thema »Du«: »Das vertrauliche Du ist eine Kostbarkeit, die an Wert verloren hat. Diese Leute bringen sich und andere um das erregende Gefühl, das sich einstellt, wenn jemand, der es versteht, einem anderen, der es wert ist, das Du anbietet.«

Diese Meinung teile ich.

Zurück nach Wien.

Diese Stadt hat viele Gesichter. Ein Leben, glaube ich, reicht nicht aus, sie alle kennenzulernen. Man müßte dann Tag und Nacht unterwegs sein, zu allen Jahreszeiten, Uhrzeiten, Wetterzeiten, Mahlzeiten. Ihre Geschichtsträchtigkeit ist so gewaltig wie ihre Zähigkeit zum Überleben. Und wen oder was hat diese Stadt nicht schon alles überlebt?

Wie viele Leben hat eine Stadt?

Auf jeden Fall mehr als eine Katz'.

»Kann Wien untergehen?« fragte der Merz den Qualtinger.

»Sicher«, antwortete der Qualtinger, »aber nur in seiner eigenen Glückseligkeit.«

Meine Geburtstagstorte krönte ein Arrangement von 65 Mineralwasserflaschen aus ganz Europa. ORF und ARD hatten meine Familie, Freunde und Kollegen nach Wien eingeladen, wo die Gala vor Publikum aufgezeichnet wurde. Am 10. Juni 1994 konnten Sie das Resultat auf dem Bildschirm sehen.

Ich gestehe, daß mich die Laudatio von Christiane Hörbiger anrührte. Sie verstand es, den Text geheimzuhalten, und ich ahnte bei den Proben nicht, was sie später über mich und mein Leben sagen würde. Danke, Christiane Hörbiger.

Anschließend hat sie mir noch musikalisch Nachhilfeunterricht erteilt – wir sangen im Duett »Weanerisch is gar net so schwer«. Und mit meinem alten Freund Udo Jürgens, der kurz vor seinem Sechzigsten steht, stellte ich fest: »Mit fünfundsechzig Jahren, da fängt das Leben an ...« So ist es, Freunde.

Grit Boettcher, meine Bühnenpartnerin und Sketch-Hälfte aus dem TV-Knaller »Ein verrücktes Paar«, Eddi Arent, Wolfgang Rademann, Gerhard Tötschinger und David Hasselhoff schmückten meinen Abend mit ihrer Anwesenheit. Robert Opratko und sein Orchester sorgten wie immer für swingende Musik, ich konnte einige meiner Favourites für Sie singen und schaffte es tatsächlich – in drei Etappen zwar – die Kerzen der Geburtstagstorte auszublasen.

Später haben wir alle zusammen getafelt, über alte und neue Zeiten geredet, ich machte mich über die Mineralwasser Europas her, paffte eine Davidoff und war rundum glücklich im Kreis meiner Familie und Freunde.

Fünfundsechzig? Gar nicht so schlecht, sage ich Ihnen. Und solange nicht im Grundgesetz der Artikel steht: »Die Langeweile des Menschen ist unantastbar«, bleibe ich hier und werde nicht brotlos.

Was ich Sie noch fragen wollte ...

In Wirklichkeit spiegelt die Kunst den Beschauer, nicht das Leben.

Oscar Wilde

Ein Schlußgespräch zwischen Harald Juhnke und Willibald Eser.

ESER: Marcel Proust hat ihn erfunden, die »Frankfurter Allgemeine« verschickt ihn an prominente Zeitgenossen, Marcel Reich-Ranicki beantwortete ihn in der »ZEIT« und Hellmuth Karasek präsentierte ihn Billy Wilder in Hollywood. Die Rede ist von Marcel Prousts klassischem »Fragebogen«, den ich als Grundlage für ein Schlußgespräch gewählt habe.
Erste Frage: Was ist für Sie das größte Unglück?

JUHNKE: Krankheit in der Familie. Wenn's mich erwischte, käme ich damit leichter zurecht.

ESER: Wo möchten Sie leben?

JUHNKE: In Berlin. Damals, bei dem Chruschtschow-*Ultimatum*, als viele aus Berlin abhauten, dachte ich nicht eine Sekunde an Abreise oder Übersiedlung nach sonstwohin. Berlin ist und bleibt für mich die ganz besondere Stadt, hier hatte ich auch die geringsten Alkoholprobleme. Hier kenne ich mich aus, Klima und Tempo bekommen mir – ich bin ein Kind dieser Stadt.

ESER: Eine Alternative?

JUHNKE: Wien. Ohne es gut zu kennen, fühle ich mich dort heimelig, geborgen, vertraut.

ESER: Was ist für Sie das vollkommene irdische Glück?

JUHNKE: Intakte Familie, intakte Berufswelt und friedliches Miteinanderauskommen

ESER: Welche Fehler entschuldigen Sie am ehesten?

JUHNKE: Nachlässigkeit, Unwissenheit, falsch verstandene Hilfeleistung – alle Fehler, die »menschlich« sind.

ESER: Gibt es einen Lieblingsromanhelden?

JUHNKE: Den Prager Hundefänger Schwejk.

ESER: Ihre Lieblingsgestalt in der Geschichte?

JUHNKE: In »meiner« Geschichte ist es der verrückte Schauspieler Edmund Kean. Wir sprachen schon über ihn.

ESER: Ihre Lieblingsheldinnen in der Wirklichkeit?

JUHNKE: Frau Mitterand zum Beispiel ist eine Dame, die Mut und Zivilcourage zeigt und sich ohne Rücksicht auf die eigene Person im humanitären Bereich engagiert.

ESER: Ihre Lieblingsheldin in der Dichtung?

JUHNKE: Die Damen wechseln.

ESER: Ihre Lieblingsmaler?

JUHNKE: Van Gogh, Gauguin, Renoir und Michelangelo.

ESER: Lieblingskomponist?

JUHNKE: Mozart. Brahms und Beethoven für gewisse Stimmungen.

ESER: Welche Berühmtheit ist Ihnen seelenverwandt?

JUHNKE: Mozart.

ESER: Welche Eigenschaften schätzen Sie bei einem Mann am meisten?

JUHNKE: Zuverlässigkeit, Entscheidungsfreudigkeit, Kritikfähigkeit, Mut.

ESER: Bei Frauen?

JUHNKE: Zärtlichkeit, Liebesfähigkeit, Einfühlungsvermögen, Romantik, Geschmack – wie ihn meine Frau hat, und sicheren Instinkt für alles, was Klasse erkennen läßt.

ESER: Ihre Lieblingstugend?

JUHNKE: Wenn Humor eine Tugend wäre, würde ich sie für mich beanspruchen.

ESER: Ihre Lieblingsbeschäftigung?

JUHNKE: Theaterspielen.
ESER: Wer oder was hätten Sie sein mögen?
JUHNKE: Fällt mir im Moment nur Napoleon ein. Ob im Leben oder auf der Bühne, lasse ich dahingestellt.
ESER: Ihr Hauptcharakterzug?
JUHNKE: Mut.
ESER: Was schätzen Sie an Ihren Freunden?
JUHNKE: Humor, Witz, Branchenfremdheit.
ESER: Ihr größter Fehler?
JUHNKE: Ungeduld.
ESER: Ihr Traum vom Glück?
JUHNKE: Beständigkeit in Harmonie. Im Einklang mit Familie und Beruf alt werden – und enden.
ESER: Wovor fürchten Sie sich?
JUHNKE: Den Beruf nicht mehr ausüben zu können.
ESER: Was möchten Sie sein?
JUHNKE: Was ich bin.
ESER: »Laßt mich den Löwen auch spielen«?
JUHNKE: Ich habe den Weber Zettel aus dem »Sommernachtstraum« nie gespielt. Christiane Hörbiger erwähnte ihn in meiner Geburtstagssendung. Was nicht ist, kann ja noch werden.
ESER: Lieblingsfarbe?
JUHNKE: Kräftiges, warmes Rot.
ESER: Lieblingsblume?
JUHNKE: Rote Rose.
ESER: Lieblingsvogel?
JUHNKE: Der Berliner Spatz. Er kommt wie ich aus kleinen Verhältnissen, ist strapazierfähig, mutig und frech.
ESER: Schriftsteller?
JUHNKE: Robert Ruark, ein Amerikaner. »Nie mehr arm« und »Der Honigsauger«.
ESER: Lyriker?
JUHNKE: Kein bestimmter.
ESER: Ihre Helden in der Wirklichkeit?
JUHNKE: Es gibt keine Helden mehr seit David.
ESER: Heldinnen?
JUHNKE: Jede Mutter, die mit kleinstem Einkommen ihre

Familie durchbringen muß, wenn der Mann wegen Krankheit oder Arbeitslosigkeit ausfällt. Die deutschen Trümmerfrauen waren allesamt Heldinnen genauso wie die Frauen im terrorisierten Teil Ex-Jugoslawiens, Afrikas und Indiens.

ESER: Lieblingsnamen?

JUHNKE: Susanne.

ESER: Was verabscheuen Sie am meisten?

JUHNKE: Unehrlichkeit, Unaufrichtigkeit, Eigenschaften, die Schaden verursachen, den zu reparieren ich weder Zeit noch Lust habe.

ESER: Welche geschichtliche Gestalt verachten Sie am meisten?

JUHNKE: Natürlich Hitler, Stalin und alle kriegerischen Könige, Kaiser und Feldherrn.

ESER: Welche militärischen Leistungen bewundern Sie am meisten?

JUHNKE: Die Landung der Alliierten in der Normandie, die »Liberation« von Hitler und seiner Diktatur und die dadurch möglich gewordene Beendigung des Zweiten Weltkriegs in Europa.

ESER: Welche Reformen bewundern Sie?

JUHNKE: Die Gleichberechtigung der Frau ist für mich längst überfällig gewesen. Schade nur, daß sie häufig von Frauen forciert wird, die gar keine mehr sind.

ESER: Heimat?

JUHNKE: Überall, wo ich mich wohl fühle.

ESER: Hoffnung?

JUHNKE: Eine Flamme, die flackert, aber nicht erlischt – sagen die Ungarn.

ESER: Krankheit?

JUHNKE: Hohe Arztrechnungen beschleunigen die Genesung, sagte mein alter Herr.

ESER: Lächeln?

JUHNKE: Ein Tag ohne Lächeln ist ein verlorener Tag.

ESER: Sorgen?

JUHNKE: Man kann sie nicht in Alkohol ertränken, sie

können schwimmen, sagt Heinz Rühmann. Er weiß, wovon er spricht, er hat es nicht immer leicht gehabt.

ESER: Vergeben?

JUHNKE: O ja, besonders den sogenannten Feinden. Nichts ärgert sie mehr.

ESER: Weinen?

JUHNKE: Das Weinen ist uns angeboren, aber das Lachen will gelernt sein. Ich geniere mich meiner Tränen nicht.

ESER: Was ist der eindrucksvollste Empfindungsmoment Ihres Lebens?

JUHNKE: Die Liebe.

ESER: Was bewahrt Sie vor Täuschung und Illusion?

JUHNKE: Vorsicht.

ESER: In welches Tier würden Sie sich gern verwandeln?

JUHNKE: In einen Kater.

ESER: Woran zweifeln Sie?

JUHNKE: An mir selbst.

ESER: Was halten Sie für die größte Erfindung der Menschheit?

JUHNKE: Die Demokratie.

ESER: Ihr ganz persönliches Glück?

JUHNKE: Mein Humor.

ESER: Wer gab richtungsweisende Impulse?

JUHNKE: Mein Vater.

ESER: Welche philosophische Weisheit beeindruckt Sie?

JUHNKE: Gelassenheit.

ESER: Welches Gefühl stellt sich ein, wenn Sie an Ihre Kindheit denken?

JUHNKE: Geborgenheit.

ESER: Was ist Liebesverrat?

JUHNKE: Eine Unaufrichtigkeit.

ESER: Welchen Traum möchten Sie träumen?

JUHNKE: Den Traum von der Wahrheit.

ESER: Es gibt keine Wahrheit.

JUHNKE: Aber davon träumen wird man ja dürfen, oder?

ESER: Welchen realistischen Wunsch hat Ihnen das Leben nicht erfüllt?

JUHNKE: Es hat mir alle Wünsche erfüllt.

ESER: Mit welcher historischen Persönlichkeit würden Sie sich gern unterhalten?

JUHNKE: Mit Mozart.

ESER: Worüber?

JUHNKE: Über sein Genie, was ihn inspirierte, über seine Amouren.

ESER: Sie könnten Glück, Gesundheit und Geld verschenken. Wovon würden Sie sich trennen?

JUHNKE: Vom Geld.

ESER: Welches Kunstwerk würden Sie gern besitzen?

JUHNKE: Ein Selbstbildnis von Van Gogh.

ESER: Ein Baudenkmal, das Sie beeindruckt?

JUHNKE: Der Kölner Dom.

ESER: Ihre realistische Zukunftsvision?

JUHNKE: Zuversicht.

ESER: Welche Untugend würden Sie gern verlieren?

JUHNKE: Unruhe.

ESER: Sie glauben an Gott. Stärkt Sie Ihr Glaube?

JUHNKE: Ja.

ESER: Welche Sünden verzeihen Sie?

JUHNKE: Alle.

ESER: Arroganz?

JUHNKE: Unerträglich.

ESER: Welche sinnliche Erfahrung erschütterte Ihre innere Harmonie in jungen Jahren?

JUHNKE: Die Erotik.

ESER: Was steigert Ihr Selbstwertgefühl?

JUHNKE: Meine Kritikfähigkeit.

ESER: Was rhythmisiert Ihr Seelenklima?

JUHNKE: Meine Arbeit.

ESER: Was bringt Sie in innere Zwanghaftigkeit?

JUHNKE: Eigentlich nichts.

ESER: Ein historisches Ereignis, das Sie ungeschehen machen möchten?

JUHNKE: Die Machtübernahme 1933 durch die Nationalsozialisten.

ESER: Erich Honnecker?

JUHNKE: Eine lächerliche Figur. Deshalb war er so gefährlich. Er brachte meinen Landsleuten im Osten viel Leid.
ESER: Die unmenschlichste Erfindung?
JUHNKE: Jede Art von Diktatur.
ESER: Was würden Sie Politiker fragen?
JUHNKE: Nichts.
ESER: In welcher Situation haben Sie versagt?
JUHNKE: In keiner.
ESER: Löwe oder Lamm – Opfer oder Kampf! Worin liegt die Macht der Ohnmächtigen?
JUHNKE: Im Kampf.
ESER: Glaube ist das Gegenteil der Angst. Glauben Sie, weil Sie hoffen?
JUHNKE: Nein, umgekehrt.
ESER: Liebe deinen Nächsten wie dich selbst. Lieben Sie sich?
JUHNKE: Nein.
ESER: Glauben Sie, daß das zeitweise Chaos, das Sie in sich spüren, Sie mit revisionsbedürftigen Situationen besser fertig werden läßt?
JUHNKE: Ja.
ESER: Erfolg – durch Beharrlichkeit und Realitätsbewußtsein? Oder hat er sich einfach ergeben?
JUHNKE: Sowohl als auch.
ESER: Innere Ängste?
JUHNKE: Unter Kontrolle.
ESER: Nachrufe?
JUHNKE: Sie werden sich nicht verhindern lassen. Sie sind die Führungszeugnisse für das Jenseits, sagen die Engländer.
ESER: Tod?
JUHNKE: Gerhart Hauptmann nennt ihn »die mildeste Form des Lebens, der ewigen Liebe Meisterwerk«. Das gefällt mir.
ESER: Wie möchten Sie sterben?
JUHNKE: Überhaupt nicht. Wenn's schon sein muß, dann schmerzfrei. Die Intendanten Klingenberg und Wölf-

fer sagen: »Der Juhnke will auf der Bühne sterben, der Vorhang soll runterkommen, der Direktor soll davortreten und die traurige Nachricht übermitteln. Juhnke will aber unter allen Umständen noch die Worte des Prinzipals hören, die Reaktion des Publikums hören und minutenlange stumme Standing ovations haben. Da diese Nummer nicht möglich ist, sollte man ihm die Freude machen, sie mit ihm zu inszenieren.«

Für einen Fototermin des »Stern«-Journals habe ich diese »Nummer« schon mal gespielt. Im Molière-Kostüm lag ich »tot« auf der Bühne des Kurfürstendamm-Theaters. Merkwürdiges Gefühl.

ESER: Ihre gegenwärtige Geistesverfassung?

JUHNKE: Neugierig auf alles, unternehmungsfreudig und guter Dinge.

ESER: Ihr Motto?

JUHNKE: Humor ist, wenn man trotzdem lacht. Die Berliner sagen: »Je dicker es kommt, desto doller ist es.«
Ich bin bereit.

ESER: Ihr Entertainer-Idol, Frank Sinatra, singt seit Jahrzehnten »I Did It My Way«.
Identifizieren Sie sich mit diesem Text?

JUHNKE: O ja. Mit fünfundsechzig paßt mir aber »The Best Is Yet To Come« besser ins Konzept. Und »That's Life« drückt perfekt aus, was ich empfinde.

ESER: Ich danke für Ihre Mitarbeit.

JUHNKE: Es war mir ein Vergnügen.

Zur Person

Harald Juhnke
geboren 10. Juni 1929
Berlin-Charlottenburg

Begabung, Fleiß, folgerichtiges Denken, Selbsterkenntnis, logische Gewissenhaftigkeit, Nüchternheit und Sachlichkeit zeichnen Harald Juhnke aus.

Zuweilen scheinen ihn seine Perfektionsideale eher zu lähmen als zu fördern. Der schnelle Erfolg, der Glücksfall, alles, was ihm ohne Anstrengung in den Schoß fällt, läßt ihn nicht übermütig werden, er baut nicht darauf. Vielmehr überlegt er gründlich und erarbeitet sich alles mit Sorgfalt. Um seine Wirkung auf andere effizient einzusetzen, dosiert er sie, paßt sie den Begebenheiten mit nachtwandlerischer Sicherheit an.

Disharmonie in der Familie, unter Freunden, beeinträchtigt seine Unmittelbarkeit. Er braucht das gute Einvernehmen mit dem Partner und den Kollegen, es ist eine der Wurzeln seiner überzeugenden Ausdruckskraft. Sein Können muß von innerer Harmonie getragen sein. Talent, Fleiß und eine gesunde Portion Ehrgeiz garantieren ihm Erfolg. Über allem aber steht der Anspruch auf Perfektion. In Phasen unausgeglichener Seelenzustände, in denen er von seinen Gefühlskräften nicht getragen ist und Schlaglöchern aller Art begegnet, entzieht er sich schon mal seinem immer gegenwärtigen Realitätsbewußtsein und weicht in weniger reale Vorstellungen aus. Dann akzeptiert er sich gelegentlich auch so, wie er nicht ist, wie er sich aber gerade fühlt. Auf diesem Weg vermag er die innere Harmonie wiederherzustellen. Meist gelingt es ihm, das löchrige Netzwerk verlockender Angebote zu durchschauen, das keinerlei Rückendeckung bietet. Schlechte

Erfahrungen sind ihm ein zuverlässiger Mahner, sie schützen ihn auch vor seinen »heimlichen« Freunden.

Seine Begeisterungsfähigkeit kann er mit seiner Willenskraft ausgezeichnet motivieren. Seine Kritikfreude kann falsch verstanden werden und sein Durchsetzungsvermögen beeinträchtigen. Im Kompromiß liegt die Lösung. Er sollte sich nicht verzetteln, enthusiastische Impulse sollten durchgehalten werden. Sein »erster Eindruck« ist für ihn immer noch der zuverlässigste Eindruck. Seine Selbstsicherheit ist die Basis seines Erfolges.

Seine Einstellung zu Liebe scheint »königlich« zu sein, seine Liebe zu Kindern nicht minder edel und aufrichtig. Vertrauen, stabile Harmonie und Geborgenheit in der Familie sind seine wichtigsten Lebenselixiere. Nervosität schadet seiner Selbstdarstellung, erschüttert seine Ruhe und Gelassenheit.

Den Angeboten einer konsumfreudigen Genußgesellschaft sollte er widerstehen. Sie sind auf Dauer weder physisch noch psychisch zu bewältigen. Sie hinterlassen auch Spuren, die in keinem Verhältnis zum verursachten Hochgefühl stehen. Die Prinzipien praktischer Vernunft sind weder abstrakt noch menschenfremd, auch dann nicht, wenn es ihm manchmal so vorkommt.

Das immer vorhandene Kontrollbedürfnis des eigenen Gefühlsbereiches ist eine gute Rückversicherung auf alles Reale.

Im Spiegel der Selbstbetrachtung wird deutlich, daß man Aussehen nicht loben, Ansehen nicht haben, Absichten nicht preisen und Ansichten nicht Ehre erweisen muß – um das eigene Antlitz zu erkennen. Harald Juhnke hat gern alles unter Kontrolle, in der partnerschaftlichen Beziehung genauso wie im beruflichen Bereich.

»Verbotenes« scheint eine gewisse Faszination auszuüben. Unbewußt gerät er in Situationen, die Löcher in seinen »Panzer« reißen, Situationen, die ihn zwingen, sein Leben und seine Welt anders zu sehen. Das Problem schiebt sich besonders dann in den Vordergrund, wenn das Bedürfnis entsteht, alle Fäden in der Hand halten zu wollen und er nicht bereit ist, einen Deut von einer einmal bezogenen Position abzugehen. Sein gesundes Lebensgefühl läßt ihn aber auch in solchen Situationen nicht im Stich, und er vermag sich immer wieder geschickt aus schwierigen Situationen zu lösen.

Harald Juhnke hat eine besondere Verbindung zur eigenen Spontaneität, er erkennt frühzeitig ihren Sinn.

Periodisch auftretende »Ängste« funktioniert er zum Motor eines unbändigen Arbeitswillens um. In solchen Fällen reißt er seine gesamte Umgebung mit.

Es fällt ihm leicht, seine Gedanken zu gliedern, sie analytisch in Einzelschritte zu zerlegen, um sich situationsangepaßt, logisch und rational verhalten zu können.

Immer wieder entsteht in ihm ein starkes Bedürfnis nach Gefühlsnahrung, nach Schutz und Verankerung in allem, was ihm Beständigkeit und Sicherheit vermitteln kann. Das braucht er lebenslang.

Sein begonnener Weg ins Charakterfach wird ihm helfen, sich nicht für wertlose Ablenkungen vereinnahmen zu lassen. Sein Qualitätsanspruch muß erhalten bleiben. Da seine intensiven Darstellungsmöglichkeiten im Gefühlsbereich verankert sind, braucht er eine Vielzahl von kreativen Betätigungsfeldern. Nur dafür sollte er seine Kraft »verschwenden«.

Vorurteile, noch dazu, wenn sie den Beigeschmack von Verbitterung haben, müssen ausgeräumt werden. Sie lähmen die Ausdruckskraft, belasten den Kopf.

Der prüfende Blick der Öffentlichkeit muß ertragen werden – schließlich steht er in ihr. Phasen eines Durcheinanders, in denen er sich schlecht organisieren kann, weil ihm die Zeit davonläuft, müssen Phasen der Ruhe folgen. Er muß in dem Bewußtsein leben, daß die Gegenwart nicht einzuholen ist – geschweige denn die Vergangenheit.

Die Begabung, Kraft aus eigenem Selbstvertrauen zu schöpfen, ist Geschenk und Glücksfall in einem. In diesem Bereich muß er sich selbst in der Waage halten. Treten Disharmonien auf, vermag er ihre Ursachen zu erkennen, Verständnis für ihr Zustandekommen aufzubringen und daraus neues Vertrauen für alle Beteiligten aufzubauen. Dieser Vorgang hat heilende Wirkung und bestätigt sein schon zitiertes Selbstvertrauen.

Bemerkenswert ist sein Bemühen, selbst in schwieriger Situation das eigene Bewußtsein, wie das der Familie, mit positiver, produktiver Lebensanschauung und Lebenserfahrung zu füllen. Das schafft Zusammenhalt und gibt Kraft.

Das ist das Ende oder: Gleich geht's weiter

Vergiß nicht – man benötigt nur wenig, um ein glückliches Leben zu führen.

Marcus Aurelius

»... I've been up and down
and over and out
and I know one thing.
Each time I find myself
flat on my face,
I pick myself up and get back
in the race – «

singt Frank Sinatra in dem schon zitierten Lied »That's Life«.

Die Zeile paßt auf mein Leben, ich möchte sie an den Schluß meiner »Lebensbetrachtungen« setzen. Daß sie nicht ganz ernst gemeint sind, haben Sie ja inzwischen festgestellt. Dennoch will ich mich für Ihr Interesse an meiner Person und für die Treue, die Sie mir nun schon seit Jahrzehnten halten, bedanken. Sie ist für mich der größte Gunstbeweis, den ein Künstler von seinem Publikum erhalten kann.

Wir sehen uns –
Ihr
Harald Juhnke

Anhang

FILMOGRAPHIE*

KINO

1953–1955

Drei Mädchen spinnen (1953)
Die Stärkere (1953)
Die blaue Stunde (1953)
Schlagerparade (1953)
Oberarzt Dr. Solm (1955)
Heldentum nach Ladenschluß (1955)
Ihr Leibregiment (1955)
Parole Heimat (1955)

1956–1960

Jede Nacht in einem anderen Bett (1956)
Mustergatten (1956)
Der Glockengießer von Tirol (1956)
Schön ist die Liebe am Königssee (um 1956)
Allotria in Zell am See (um 1956)
Wenn die Alpenrosen blühn (um 1956)
So liebt und küßt man in Tirol (um 1956)
Davon träumen alle Mädchen (um 1956)
Das hab ich in Paris gelernt (um 1956)
Das Geheimnis der drei Dschunken (um 1956)
Die letzten Drei der Albatros (um 1956)
Piefke, der Schrecken der Kompanie (um 1956)
Wenn am Abend die Dorfmusik spielt (um 1956)
Der tolle Bomberg (1957)
Wenn Mädchen ins Manöver ziehn (1957)
Gruß und Kuß vom Tegernsee (1957)
Bühne frei für Marika (1958)
Skandal um Dodo (1958)
Der Mustergatte (1958)
Der letzte Zeuge (1960)
Schick deine Frau nicht nach Italien (1960)
Die grünen Teufel vom Monte Cassino (um 1960)

* Auswahl

1961–1980

Der verkaufte Großvater (1961)
Weiße Göttin vom Rio Bene (1964)
Pepe, der Paukerschreck (1969)

1981–1993

Sigi, der Straßenfeger (1984)
Der Papagei (1992)
Schtonk (1992)
Alles auf Anfang (1993)
Des Kaisers neue Kleider (1993)

FERNSEHEN

1974–1980

Sergeant Berry (1974)
Familie Buchholz (1974)
Alles unter einem Dach (1974)
Preußenkorso Nr. 17 (1974)
Buschflieger (1976)
Ein Mann für alle Fälle (1977)
Ein verrücktes Paar (1977–1980)
Ein Mann will nach oben (1978)
Musik ist Trumpf (1979)
Das Karussell fährt immer rund herum (1979)
Pension Schöller (1979)
Fallado (um 1980)

1981–1985

Es bleibt in der Familie (1981)
Leute wie du und ich (1981–1984)
Spiegelbilder (1983)
Tonight Harald (1984)
Willkommen im Club (1985)
Mit Axel auf Achse (1985)

1986–1994

Harald & Eddi (1986)
Drei Damen vom Grill (1987)
Entertainer (1989)
Juhnkes Schauspielführer (1990)

Juhnke & Co. (1991)
Harry und Sunny (1993)
Glückliche Reise (1993)
Hallo Sisters (1993)
Zwei alte Hasen (1994)

BÜHNENSTÜCKE*

1948–1960

Ljubow Jarowaja (Kostantin Trenjow); Haus der Kultur der Sowjetunion, Berlin 1948
Ihr werdet sein wie Gott; Theater am Kurfürstendamm, Berlin 1950
Karthagische Komödie (Per Schwenzen); Theater am Kurfürstendamm, Berlin 1950
Fips mit der Angel (Dieter Rohkohl); Theater am Kurfürstendamm, Berlin 1952
Viel Lärm um nichts (William Shakespeare); Theater am Kurfürstendamm, Berlin 1954
Der zerbrochene Krug (Heinrich von Kleist); Theater am Kurfürstendamm, Berlin 1954
Oberst Chabert (Hans José Rehfisch); Tournee 1956
Die Silberschnur (Sidney Howard); Renaissance-Theater, Berlin 1957
Bunbury (Oscar Wilde); Renaissance-Theater, Berlin 1958

1961–1970

Wolken sind überall (F. Hugh Herbert); Komödie, Berlin 1961; erstmals: Volksbühne, Berlin 1953
Jungfrau auf dem Dach (F. Hugh Herbert); Kleine Komödie, München 1966
Ein seltsames Paar (Neil Simon); Kleine Komödie, München 1965
Alfie (Bill Naughton); Theater am Dom, Köln um 1969
Liliom (Franz Molnár); Hansa-Theater, Berlin 1970

1971–1980

Das System des Monsieur Ribadier (Georges Feydeau); Tournee 1971
Helden (George Bernard Shaw); Hansa-Theater, Berlin 1973
August, August, August (Pavel Kohout); Freie Volksbühne, Berlin 1973
Dreyfus (Jean-Claude Grumberg); Freie Volksbühne, Berlin 1974
Bleib doch zum Frühstück (Gene Stone/Ray Cooney); Tournee, 1974

---

* Auswahl

Hokuspokus (Curt Goetz), Tournee, 1976
Spiel mit dem Feuer (Martin Worth/Peter Yeldham); Theater am Kurfürstendamm, Berlin 1977
Die Eule und das Kätzchen (Wilton Manhoff); Kleine Komödie, Hamburg 1979
Sie spielen unser Lied (Neil Simon); Theater am Kurfürstendamm, Berlin 1980

1981–1993

Happy End (Bert Brecht / Kurt Weill); Residenztheater, München 1981
Ein besserer Herr (Walter Hasenclever); Theater am Kurfürstendamm, Berlin 1982
Ein klarer Fall (Claude Magnier); Theater am Kurfürstendamm, Berlin 1983
Mein Freund Harvey (M. Chase); Theaer am Kurfürstendamm, Berlin 1985
Plaza Suite (Neil Simon); Ernst-Deutsch-Theater, Hamburg 1985; Theater am Kurfürstendamm, Berlin 1986
California Hotel (Neil Simon); Theaer am Kurfürstendamm, Berlin 1986
Der Entertainer (John Osborne); Renaissance-Theater, Berlin 1987
Tartuffe (Molière): Renaissance-Theater, Berlin 1988
Schon wieder Sonntag (Bob Larbey); Renaissance-Theater, Berlin 1989 und 1991
Eines langen Tages Reise in die Nacht (Eugene O'Neill); Renaissance-Theater, Berlin 1989
Der Geizige (Molière); Renaissance-Theater, Berlin 1990

1990–1995

Sonny Boys (Neil Simon); Theater am Kurfürstendamm, Berlin 1983
Alpenglühen (Peter Turrini); Staatliche Schauspielbühnen, Berlin 1993
Der Hauptmann von Köpenick (Carl Zuckmayer); Maxim-Gorki-Theater, Berlin 1995

VERÖFFENTLICHUNGEN

Die Kunst, ein Mensch zu sein, Memoiren, 1980
Alkohol ist keine Lösung, 1982
Na wenn schon, 1987

AUSZEICHNUNGEN

1978: Goldener Vorhang Theaterclub Berlin
1980: Goldene Kamera Hör zu
1990: Goldene Europa
1991: Deutscher Filmpreis
1992: Bambi
1993: Ernst-Lubitsch-Preis

Bildnachweis:
Peter Bischoff, Worpswede: Bildteil I: S. 1, S. 3 (oben), S. 6 (unten), S. 7, S. 8; Bildteil II: S. 1 bis 4 (7), S. 5 (unten), S. 7 (unten), S. 8 (unten); Bildteil III: Seite 4–6 (7); Bildteil IV: S. 2 (oben), S. 4 bis 8 (7); Bildteil V: S. 1–6 (9), S. 7 (unten) S. 8 (unten)
Ilse Buhs/Jürgen Remmler, Berlin: Bildteil I: S. 2 (oben links), S. 3 (unten), S. 5 (2); Bildteil II: S. 6 (2), S. 7 (oben), S. 8 (oben); Bildteil III: S. 3 (2), S. 7, S. 8 (oben); Bildteil IV: S. 1, S. 3
Harry Croner, Berlin: Bildteil I: S. 2 (oben rechts)
Davidoff International, Basel: Bildteil V: S. 7 (oben)
Willibald Eser, München: Bildteil II: S. 5 (oben); Bildteil III: S. 1 bis 2 (4), S. 8 (unten); Bildteil IV: S. 2 (unten); Bildteil V: S. 8 (oben)
Arthur Grimm: Bildteil I. S. 2 (unten), S. 6 (oben)
Lothar Inkler, Berlin: Bildteil I: S. 4

Personenregister